작지만 무서워!

미세 플라스틱

사진출처

셔터스톡_ 18p 비닐봉지 / 20p 일회용 의료용품 / 21p 페트병 / 35p 송진 / 37·103p 나일론 스타킹 / 38·103p 폴리에스터로 만든 가방 / 38·103p 아크릴로 만든 겨울 용품 / 44p 재활용 표시 / 57p 그레이트배리어리프 / 58p 바다 숲 / 59·105p 잘피숲 / 62p 아마존 열대 우림 / 63p 맹그로브 숲, 자동차 매연 / 72p 색조 화장품 / 76p 환경 호르몬이 나오는 생활용품 / 80p 의약품 / 90p 바닷가 쓰레기 / 91p 플로깅, 씨 글라스

충청남도 해양정책과_ 98p 무인 청소 로봇

연합뉴스_ 99p 바다 쓰레기 처리 시설

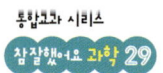

작지만 무서워! 미세 플라스틱

ⓒ 이명희, 2023

1판 1쇄 발행 2023년 7월 25일

글 이명희 | 그림 김영진 | 감수 서울과학교사모임

펴낸이 권준구 | 펴낸곳 (주)지학사

본부장 황홍규 | 편집장 김지영 | 편집 박보영 이지연 | 교정교열 김민영

디자인 이혜리 | 마케팅 송성만 손정빈 윤술옥 박주현 | 제작 김현정 이진형 강석준 오지형

등록 2010년 1월 29일(제313-2010-24호) | 주소 서울시 마포구 신촌로6길 5

전화 02.330.5263 | 팩스 02.3141.4488 | 이메일 arbolbooks@jihak.co.kr

ISBN 979-11-6204-144-4 74400

ISBN 979-11-85786-82-7 74400(세트)

잘못된 책은 구입하신 곳에서 바꿔 드립니다.

 제조국 대한민국 사용연령 8세 이상
KC마크는 이 제품이 공통안전기준에 적합하였음을 의미합니다.

아르볼은 '나무'를 뜻하는 스페인어. 어린이들의 마음에 담긴 씨앗을 알찬 열매로 맺게 하는 나무가 되겠습니다.

홈페이지 www.jihak.co.kr/arb/book | 포스트 post.naver.com/arbolbooks

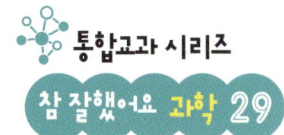
통합교과 시리즈
참 잘했어요 과학 29

미세플라스틱

작지만 무서워!

글 이명희 | 그림 김영진 | 감수 서울과학교사모임

지학사아르볼

펴냄 글

과학은 왜 어려울까?

- 생명과학, 지구과학, 물리학, 화학 등 공부해야 할 범위가 넓다.
- 책이나 교과서를 볼 땐 이해할 것 같다가도 돌아서면 헷갈린다.
- 과학 현상이나 원리가 어려워서 이해가 안 된다.
- 과학 공부를 할 때 어려운 단어가 많이 나온다.

과학 공부, 쉽게 하려면 통합교과 시리즈를 펼치자!

통합교과란?

- 서로 다른 교과를 주제나 활동 중심으로 엮은 새로운 개념의 교과
- 하나의 주제를 개념·역사·환경·인체·미래학 등 다양한 영역에서 접근해 정보 전달 효과를 높임
- 문·이과 통합 교육 과정에 안성맞춤

이런 학생들에게 통합교과 시리즈를 추천합니다!

- 과학 교과를 처음 배우는 초등학교 **3학년**
- 과학이 지겹고 어렵게 느껴지는 **4학년**

개념
개념을 알아야 주제가 보인다!
개념 완벽 정리!

미래학
지금의 사회를 둘러보고
앞으로의 사회를 예측해 보기

역사
과거부터 현재까지, 관련 분야의
역사 지식이 머릿속에 쏙!

인체
우리 몸의 신비함과
소중함 깨닫기

환경
주제와 관련된 환경 문제를
알아보고 해결 방안 탐색

통합교과 시리즈

차례

1화
인터넷 쇼핑은 내 취미
개념 우리 일상에 녹아든 플라스틱 10

- 16 플라스틱, 넌 누구니?
- 18 모양도 성질도 내 마음대로
- 20 플라스틱의 두 얼굴
- 22 다 같은 플라스틱이 아니야
- 26 **한 걸음 더:** 히든 플라스틱을 조심해!

2화
미세 플라스틱 왕국에 가다
역사 플라스틱의 발명과 발전 28

- 34 플라스틱의 발명
- 36 플라스틱을 입는다고?
- 39 다재다능한 플라스틱
- 44 **한 걸음 더:** 플라스틱 7총사를 소개합니다!

3화
어서 와, 플라스틱 레스토랑
환경 플라스틱이 환경에 미치는 영향 46

- 52 죽음의 그림자로 물드는 바다
- 54 붉은바다거북을 지켜라!
- 56 시름시름 병들어 가는 산호초
- 58 병든 바다를 살려라!
- 62 **한 걸음 더:** 착한 탄소? 나쁜 탄소?

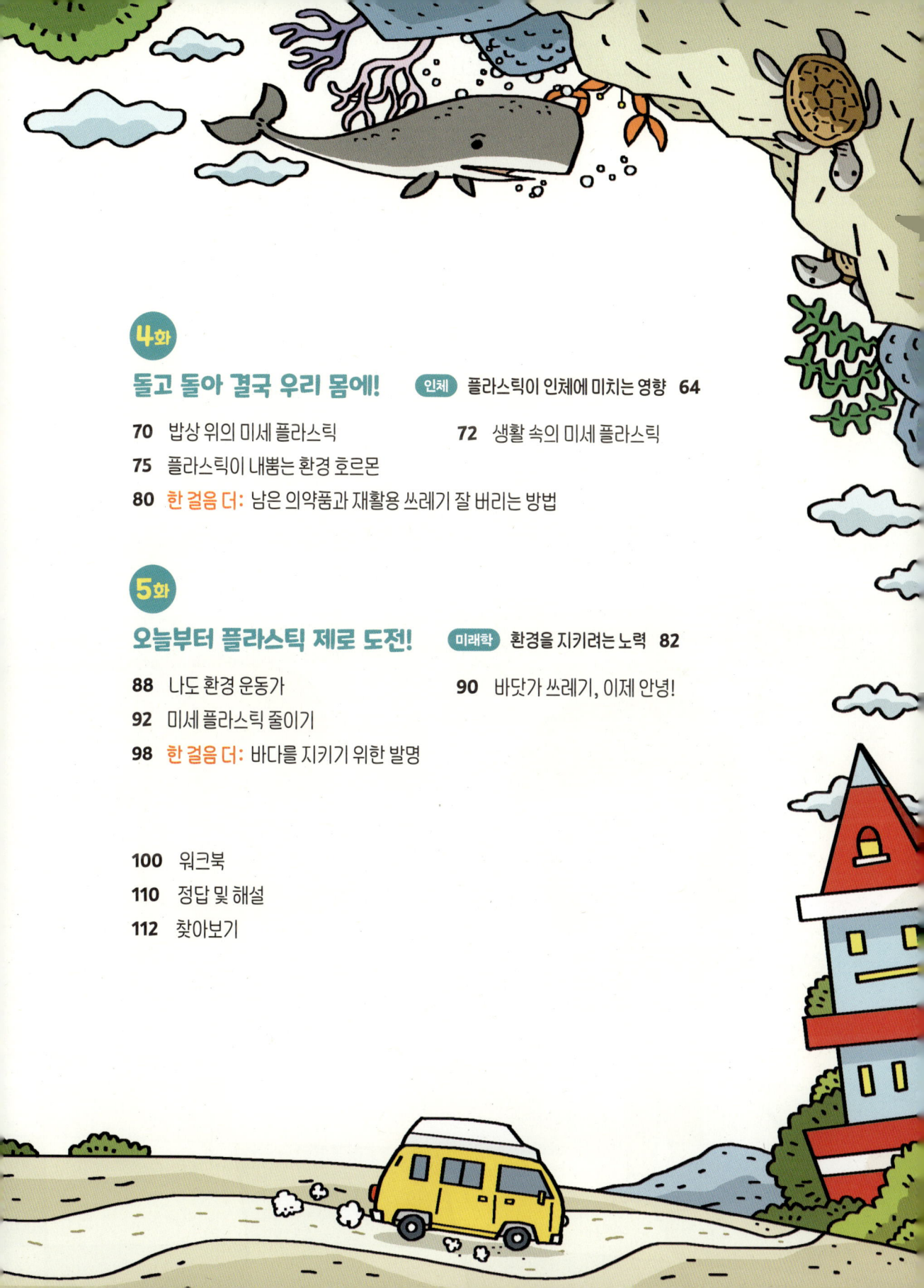

4화
돌고 돌아 결국 우리 몸에!
인체 플라스틱이 인체에 미치는 영향　64

- 70　밥상 위의 미세 플라스틱
- 72　생활 속의 미세 플라스틱
- 75　플라스틱이 내뿜는 환경 호르몬
- 80　한 걸음 더: 남은 의약품과 재활용 쓰레기 잘 버리는 방법

5화
오늘부터 플라스틱 제로 도전!
미래학 환경을 지키려는 노력　82

- 88　나도 환경 운동가
- 90　바닷가 쓰레기, 이제 안녕!
- 92　미세 플라스틱 줄이기
- 98　한 걸음 더: 바다를 지키기 위한 발명

- 100　워크북
- 110　정답 및 해설
- 112　찾아보기

- 플라스틱, 넌 누구니?
- 모양도 성질도 내 마음대로
- 플라스틱의 두 얼굴
- 다 같은 플라스틱이 아니야

한눈에 쏙   우리 일상에 녹아든 플라스틱
한 걸음 더   히든 플라스틱을 조심해!

플라스틱, 넌 누구니?

20세기부터는 플라스틱 시대라고 할 만큼 플라스틱은 우리 생활 깊숙이 들어와 있어요. 만들기 쉽고 쓰기 편리한 반면에 오랫동안 썩지 않아 지구 환경을 위협하는 골칫덩어리이기도 하지요.

플라스틱은 이제 우리와 떼려야 뗄 수 없는 존재예요. 그래서 플라스틱을 알아야 지구 환경도 나도 지킬 수 있어요. 지금부터 플라스틱에 대해 제대로 알아봐요.

플라스틱의 특성과 다양한 쓰임새

플라스틱이란 열이나 압력(힘)을 가해서 모양을 변형시킬 수 있는 화합물을 말해요. 플라스틱은 그리스어인 플라스티코스(plastikos)에서 유래한 말로, '마음대로 모양을 만들 수 있다'는 뜻이에요.

플라스틱은 자유자재로 모양을 만들 수 있고, 값이 저렴해서 아주 다양하게 활용돼요. 또 가볍고 사용하기 편해서 이전까지 유리나 금속, 나무 등의 재료로 만들던 물건들 대부분이 플라스틱으로 바뀌었어요.

네 몸에 두른 플라스틱이 몇 개인 줄 알아? 아마 네 몸 빼고는 다 플라스틱일걸?

플라스틱은 우리 주변에서 손쉽게 찾아볼 수 있어요. 우리가 매일 쓰는 칫솔과 양치 컵부터 늘 걸치는 옷과 가방 등 그 무엇 하나 플라스틱 아닌 것이 거의 없거든요. 텔레비전과 냉장고, 세탁기 같은 가전제품뿐만 아니라 부엌에서 쓰는 프라이팬, 냄비, 비닐봉지 등도 플라스틱으로 만들어져요. 여러분이 쓰는 필통, 연필깎이, 휴대 전화 등도 마찬가지예요.

플라스틱이 없던 시절에는 어떻게 살았을까?

인류가 플라스틱과 함께한 것은 그리 오래된 일이 아니에요. 그 흔한 비닐봉지가 나온 지는 70년도 채 안 됐어요. 지금처럼 플라스틱을 일상적으로 쓰게 된 것은 1950년대 후반부터예요.

옛날 사람들은 자연에서 얻은 재료로 물건을 만들어 썼어요. 예컨대 우리 조상들은 항아리에 김치를 담아 시원한 땅속에 묻어 두고 꺼내 먹었어요. 플라스틱 용기에 김치를 담아 김치냉장고에 보관하는 요즘과는 달랐지요.

그뿐인가요. 볏짚을 꼬아 만든 바구니나 대나무로 엮은 소쿠리에 먹거리와 살림 도구들을 담았어요. 천연 수세미로 설거지를 하고, 목화솜으로 겨울 이불과 면 옷을 만들어 입었지요. 이런 물건들은 자연적으로 분해되었기에 환경을 해칠 일이 없었답니다.

모양도 성질도 내 마음대로

여러분은 플라스틱 하면 가장 먼저 무엇이 떠오르나요? 레고 블록이나 피규어 장난감같이 딱딱한 형태의 플라스틱이 떠오른다고요? 그건 플라스틱의 극히 일부분일 뿐이에요.

플라스틱은 변신의 천재예요. 무한 변신이 가능하지요. 그래서 종이처럼 얇거나 통나무처럼 두껍게 만들 수 있어요. 가벼우면서 튼튼하게 또는 부드럽거나 거칠거칠하게 만들 수도 있지요. 플라스틱에 열이나 압력을 가하면 말랑말랑해지는데, 이때 다양한 틀을 이용해 원하는 모양으로 만들 수 있기 때문이에요.

깃털처럼 가벼운 플라스틱, 비닐

우리가 흔히 비닐이라고 부르는 비닐봉지도 플라스틱이에요. 영어로는 플라스틱 백(plastic bag)이라고 하지요.

비닐봉지는 깃털처럼 가벼운데 잘 찢어지지 않고, 물에 젖지 않아 일상에서 두루두루 쓰여요. 혹시 우리가 일회용 비닐봉지를 얼마나 많이 쓰는지 알고 있나요?

환경 단체 그린피스의 조사에 따르면 2020년에 우리나라 국민 한 명이 1년 동안 사용한 일회용 비닐봉지가 약 533개이며, 우리나라 전체 인구가 1년 동안 사

용한 일회용 비닐봉지는 약 276억 개나 된다고 해요.

환경 단체 자원순환사회연대에서는 우리나라 전체 인구가 1년 동안 사용한 비닐봉지를 태울 때 나오는 이산화 탄소의 양이 약 274만 톤이나 될 거라고 추정해요. 또 비닐봉지 한 장은 175만 개의 미세 플라스틱이 된다고 하고요. 나풀나풀 가벼운 비닐봉지 한 장 쓰는 일을 가볍게 여겨서는 안 되는 이유랍니다.

10대 발리 소녀의 '잘 가, 비닐봉지야' 운동

인도네시아 발리에 사는 소녀 멜라티 위즌은 2013년 열두 살 때 발리의 아름다운 해변이 플라스틱 쓰레기로 뒤덮여 가는 모습에 큰 충격을 받았어요. 멜라티는 동생 이사벨과 함께 '잘 가, 비닐봉지야(Bye Bye Plastic Bags)'라는 환경 단체를 만들고, 비닐봉지 쓰레기 줄이기 운동을 펼쳤어요. 이들은 직접 해변 쓰레기를 치우고, 에코 백을 만들어 사람들에게 나눠 주었어요. 또 바닷가 주변 가게들을 찾아가 비닐봉지를 손님들에게 제공하지 않도록 설득했지요.

이들의 꾸준한 노력으로 2019년부터 발리에서는 비닐봉지 사용이 아예 금지됐어요.

플라스틱의 두 얼굴

플라스틱이 바다와 땅을 오염시키고 자연 생태계를 망가뜨리고 있는 것은 분명한 사실이에요. 그렇다면 플라스틱은 무조건 쓰지 말아야 할까요?

꼭 필요한 일회용 플라스틱

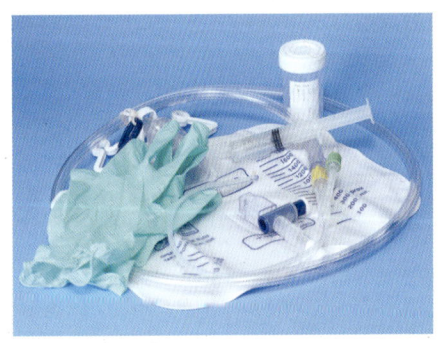

일회용 의료 용품들

세상에는 꼭 필요한 플라스틱 일회용품도 있답니다.

병원에서 흔히 쓰는 일회용 주사기, 마스크, 수술용 장갑, 소독용 거즈 등은 환자들이 나쁜 세균에 감염되지 않도록 보호해 주는 의료 용품이에요.

만일 의사나 간호사가 수술용 장갑과 붕대 등을 세탁해서 다시 쓴다면 어떻게 될까요? 아무리 깨끗이 세탁을 한다고 해도 또 다른 환자에게 병균을 옮길 위험이 높아요.

우리가 자주 쓰는 플라스틱 일회용 빨대는 어떤가요? 물론 음료를 마실 때 크게 불편하지 않다면 빨대를 아예 쓰지 않는 게 가장 좋겠지요. 하지만 세균 감염에 취약하고 음식을 삼키기 어려운 사람들에게는 일회용 빨대가 아주 유용할 거예요.

플라스틱, 너무 많이 쓰는 게 문제야!

페트병은 음료를 담는 일회용 플라스틱 병이에요. 페트병이 세상에 등장한 것은 1970년대 초예요. 그 전에는 주로 유리병에 음료를 담아 마셨어요. 유리병은 무거운 데다 깨지기 쉬웠어요. 반면에 페트병은 가볍고 잘 깨지지 않아 들고 다니기가 편하지요. 사람들은 너 나 할 것 없이 페트병을 사용했어요.

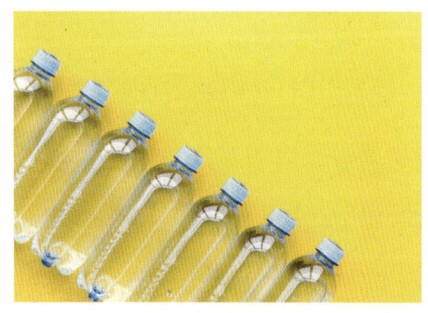

흔한 쓰레기가 된 페트병

이게 바로 문제의 시작이지요. 사람들이 편리함만을 좇다 보니 어느새 걷잡을 수 없을 만큼 많아진 플라스틱 쓰레기가 세상에 넘쳐 나게 된 거예요.

플라스틱의 좋은 점과 나쁜 점

좋은 점
- 쓰기 편리하고 위생적이에요.
- 값이 저렴해서 제품을 만드는 데 드는 비용을 줄일 수 있어요.
- 다양한 모양으로 만들기 쉬워요. 여러 산업의 발전에 도움을 줘요.

나쁜 점
- 오랫동안 썩지 않아 바다와 토양을 오염시켜요.
- 만들거나 태울 때 유해 물질이 나와요.
- 기후 위기의 원인이 돼요. 결국 지구의 모든 생물을 위험에 빠뜨려요.

다 같은 플라스틱이 아니야

플라스틱 중에는 알갱이가 매우 작은 플라스틱이 있어요. 바로 미세 플라스틱이지요. 바다 생태계를 어지럽히는 주범으로 따가운 눈총을 받고 있는 미세 플라스틱에 대해 알아보아요.

미세 플라스틱이란?

미세 플라스틱은 보통 크기가 5밀리미터 미만인 플라스틱을 말해요. 그중에서도 1마이크로미터 이하의 아주 작은 알갱이를 '초미세 플라스틱' 혹은 '나노 플라스틱'이라고 하지요. 참고로 1밀리미터는 0.1센티미터이고, 1마이크로미터는 0.0001센티미터랍니다.

미세 플라스틱은 1차 미세 플라스틱과 2차 미세 플라스틱으로 나뉘어요. 1차 미세 플라스틱은 제품의 원료로 쓰려고 처음부터 작게 만든 것들이에요.

1차 미세 플라스틱

2차 미세 플라스틱

세안제나 치약, 샤워 젤 등에 쓰여 세정력을 높이는 역할을 하지요. 반짝이는 색조 화장품에도 들어 있어요. 이런 미세 플라스틱들은 하수 처리장에서 걸러지지 못하고 강과 바다로 흘러가 환경을 오염시켜요. 또한 흙 속에 가라앉아서 미생물들의 서식지를 망가뜨려요.

2차 미세 플라스틱은 햇빛, 바람, 파도 등에 의해 잘게 쪼개진 플라스틱을 말해요. 즉, 사람들이 버린 크고 작은 플라스틱이 부서져 미세 플라스틱으로 변한 거랍니다.

이 밖에 플라스틱 합성 섬유로 만든 옷을 세탁할 때에도 미세 플라스틱이 떨어져 나와요. 쌩쌩 달리는 자동차와 자전거의 타이어에서 떨어져 나온 미세 플라스틱은 빗물에 씻겨서 강이나 바다로 흘러 들어간답니다.

작지만 무서운 알갱이, 미세 플라스틱의 경고

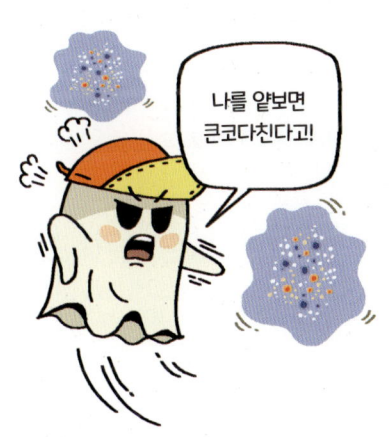

미세 플라스틱이 진짜 무서운 이유는 눈에 잘 띄지 않는다는 거예요. 크기가 워낙 작다 보니 걸러 내기도 힘들 뿐 아니라, 어디 있는지 찾아내 없앨 수도 없어요.

미세 플라스틱은 또 물에 녹지 않고 바다로 그대로 흘러 들어가 바다 생물을 병들게 하고 바다 생태계를 어지럽혀요. 결국 먹이 사슬의 가장 위에 있는 인간의 건강도 위협하지요.

우리가 자주 먹는 게나 굴 등을 연구한 결과, 미세 플라스틱이 생물의 성장과 번식을 방해하는 것으로 나타났어요. 미세 플라스틱을 절대 허투루 보아 넘길 수 없는 이유랍니다.

우리 일상에 녹아든 플라스틱

플라스틱의 뜻
- 열이나 압력(힘)을 가해서 모양을 변형시킬 수 있는 화합물.
- 플라스틱은 그리스어 플라스티코스(plastikos)에서 유래한 말로, '마음대로 모양을 만들 수 있다'는 뜻임.

플라스틱의 특성
- 플라스틱은 원하는 대로 모양을 만들 수 있고, 값이 저렴함. 가볍고 사용하기 편리함. 그래서 유리와 금속, 나무 등의 재료로 만들던 대부분의 물건이 플라스틱으로 대체됨.
- 플라스틱은 일상생활에 필요한 거의 모든 물건을 만드는 데 쓰임.

플라스틱의 장단점
- 장점: 가격이 저렴함. 다양한 제품으로 만들기 쉬움. 사용이 편리하고 위생적임. 제품의 원가를 낮춰 주어 다양한 산업을 발전시킴.
- 단점: 오랫동안 썩지 않아 바다와 토양을 오염시킴. 만들거나 태울 때 유해 물질이 나옴. 기후 위기를 일으키고 지구의 모든 생물을 위험에 빠뜨림.

미세 플라스틱의 뜻

- 보통 크기가 5밀리미터 미만인 플라스틱을 뜻함.
- 1차 미세 플라스틱: 제품의 원료로 쓰기 위해 처음부터 작게 만든 플라스틱 알갱이. 주로 세안제나 치약, 샤워 젤 등에 쓰여 세정력을 높이는 역할을 함.
- 2차 미세 플라스틱: 크고 작은 플라스틱이 햇빛, 바람, 파도 등에 의해 자연적으로 잘게 쪼개진 것임.

미세 플라스틱의 위험성

- 크기가 워낙 작아서 하수 처리 시설로 걸러 낼 수 없음.
- 강과 바다로 그대로 흘러 들어가 바다 생물을 병들게 하고 바다 생태계를 어지럽힘.
- 먹이 사슬 맨 위에 있는 인간의 건강을 위협함.

히든 플라스틱을 조심해!

평소 우리가 플라스틱인 줄 모르고 자주 쓰는 플라스틱을 '히든 플라스틱(hidden plastic)'이라고 해요. 풀이하자면 숨겨진 플라스틱이지요. 어떤 것들이 있는지 알아볼까요?

물티슈

흔히 물티슈를 화장지라고 착각하기 쉬운데, 대부분의 물티슈는 플라스틱 소재인 '폴리에스터'로 만들어져요. 폴리에스터는 재활용도 어렵고, 완전히 썩어서 사라지는 데 100년 이상이 걸려요. 물티슈 대신에 손수건이나 행주를 쓰는 게 환경에 좋답니다. 또한 물티슈를 변기에 버리면 절대 안 돼요. 하수 처리 시설이 망가지는 원인이 된답니다.

껌

원래 껌의 원료는 고무 식물 사포딜라에서 추출한 '치클'이었어요. 그런데 껌이 많이 팔리면서 플라스틱 성분인 '폴리비닐아세테이트'로 바뀌었지요. 다행히 소량이라 몸에 해가 되지는 않아요. 하지만 길거리에 아무렇게나 뱉은 껌이 강이나 바다로 흘러 들어가 환경을 해칠 수 있어요. 씹던 껌은 종이에 싸서 쓰레기통에 버려야 해요.

일회용 콘택트렌즈

눈의 각막 위에 착용하면 시력 교정 효과가 있는 콘택트렌즈 역시 플라스틱이에요. 다 쓴 콘택트렌즈는 꼭 쓰레기통에 버려야 해요. 화장실 세면대나 변기에 버리면 하수 처리장에서 걸러지지 않아 강이나 바다로 흘러 들어간답니다.

티백

따뜻한 차를 우려낼 때 쓰는 티백에도 종이를 질기게 만들기 위해 플라스틱 소재를 사용해요. 캐나다의 한 연구 팀은 티백 한 개를 물에 넣고 끓인 뒤 찻물의 성분을 분석했어요. 그러자 찻물에서 약 116억 개의 미세 플라스틱 조각이 나왔다고 해요.

종이컵

종이컵은 종이가 물에 젖지 않도록 안쪽에 플라스틱 성분인 폴리에틸렌으로 코팅을 해요. 종이컵에 뜨거운 물을 부으면 미세 플라스틱이 많이 나오니 주의해야 해요.

담배꽁초

담배 필터도 플라스틱 성분으로 되어 있어요. 사람들이 길거리에 함부로 버린 담배꽁초는 강과 바다로 흘러 들어가 환경을 오염시켜요.

2화
미세 플라스틱 왕국에 가다

역사 플라스틱의 발명과 발전

플라스틱의 발명

아이러니하게도 플라스틱이 코끼리의 멸종을 막는 걸 도왔다는 사실을 알고 있나요? 지금부터 그 이야기를 들려줄게요.

플라스틱이 코끼리의 멸종을 막은 영웅?

플라스틱이 발명되기 전에는 코끼리의 엄니인 상아로 여러 사치품들을 만들었어요. 그 당시 귀족들은 실내 스포츠인 당구를 즐겨 했는데, 당구공도 상아로 만들었지요.

상아로 만든 값비싼 물건들이 잘 팔리다 보니 사람들은 너도나도 코끼리를 마구 잡아 댔어요. 그러니 코끼리의 수가 점점 줄어들 수밖에 없었지요. 상아를 구하기가 점점 어려워지자 한 당구공 제조 회사에서 광고를 냈어요. 상아를 대신할 당구공 재료를 찾는 사람에게 큰 상금을 주겠다고 말이에요.

당구공의 새로운 재료는 1869년경 미국의 발명가 존 하이엇이 발명했어요. 녹나무의 수액에 질산 섬유소를 섞어서 만든 '셀룰로이드'였지요. 이것이 바로 최초의 천연수지 플라스틱이랍니다.

셀룰로이드는 상아보다 값싸고 다루기 쉬웠어요. 덕분에 같은 모양의 제품을 순식간에 아주 많이 만들 수 있었지요. 하지만 셀룰로이드로 만든 제품은 잘 깨지고 열에 약해서 오래 쓰기가 어려웠어요.

그로부터 40년쯤 뒤인 1907년에 잘 깨지지 않는 플라스틱이 발명되었어요. 미국의 화학자인 리오 베이클랜드가 지금의 플라스틱과 비슷한 물질(합성수지)을 만들었지요. 이를 '베이클라이트'라고 불러요. 그래서 지금과 같은 플라스틱 전성시대가 열리게 된 거예요.

천연수지와 합성수지의 차이점

천연수지인 송진

예전에는 동식물에서 얻은 끈적이는 액체인 '수지'로 생활에 필요한 물건들을 만들어 썼어요. 사람들은 이를 '천연수지'라고 불렀지요. 대표적으로 소나무과의 나무에서 나오는 송진이 있어요.

이와 반대로 사람들이 인위적으로 만들어서 쓰는 수지를 '합성수지'라고 불러요. 즉, 합성수지는 석유나 석탄 등에서 추출한 물질을 인공적으로 합성시켜 만든 고분자 물질이에요. 플라스틱의 종류가 워낙 많긴 하지만, 우리가 흔히 플라스틱이라 부르는 모든 것이 합성수지라고 보면 된답니다.

플라스틱을 입는다고?

여러분의 옷장을 한번 열어 보세요. 자주 입는 옷 안쪽에 달린 라벨을 살펴볼까요? 옷감의 성분 표시에 폴리에스터나 아크릴, 나일론 같은 단어가 쓰여 있지는 않나요?

폴리에스터와 아크릴, 나일론은 요즘 가장 많이 쓰이는 3대 합성 섬유로, 모두 플라스틱이에요. 합성 섬유는 어떻게 세상에 나오게 된 걸까요?

인류 최초의 플라스틱 합성 섬유, 나일론

최초의 플라스틱 합성 섬유인 나일론을 만든 사람은 미국의 화학자 월리스 캐러더스 박사였어요.

20세기 초반까지는 목화나 양털, 누에고치 실 등의 천연 재료로 옷감을 만들었는데, 값이 너무 비쌌어요. 그래서 그 당시 화학자들은 고

무나무에서 천연고무를 뽑아내지 않고 인조고무를 만드는 연구에 몰두했어요. 캐러더스 박사도 미국의 화학 회사인 듀폰사의 제안으로 회사 연구실에 들어가 견직물을 대체할 새 물질을 연구했지요.

그러던 어느 날, 캐러더스 박사는 동료 연구원들이 유리 막대로 합성 섬유 재료를 찍어 휘두르고 거미줄처럼 늘이며 장난치는 모습을 보게 되었어요. 그 순간 박사는 번뜩 아이디어를 얻었고, 연구를 거듭한 끝에 나일론을 발명했답니다.

1938년 뉴욕 세계박람회에서 '거미줄보다 가늘고 강철처럼 강하다'는 문구와 함께 처음 선보인 나일론은 사람들의 큰 관심을 끌었어요. 그 후 나일론 스타킹을 처음 팔던 날, 백화점 앞에는 엄청나게 많은 사람들이 나일론 스타킹을 사려고 줄을 서서 기다렸다고 해요.

나일론은 처음에는 여성용 스타킹을 만들 때 주로 쓰이다가 여성용 블라우스 같은 고급 의류 등으로 차츰 쓰임새가 넓어졌어요. 제2차 세계 대전* 때에는 낙하산이나 밧줄, 텐트 같은 군수품을 만드는 데 쓰였어요.

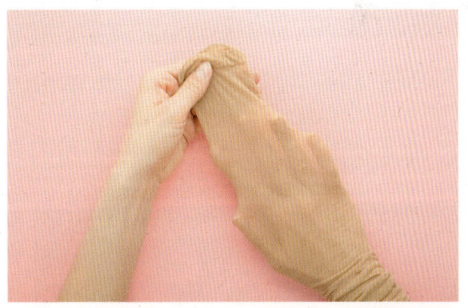

나일론 스타킹

★ **제2차 세계 대전** 독일의 폴란드 침략으로 시작되어 1939년부터 1945년까지, 독일·이탈리아·일본을 중심으로 동맹을 맺은 여러 나라와 미국·영국·프랑스 등의 연합국 사이에 일어난 세계적 규모의 전쟁.

쓰임새가 많은 폴리에스터와 아크릴

폴리에스터와 아크릴은 활용도가 아주 높은 합성 섬유예요.

먼저 폴리에스터(또는 폴리에스테르)는 구김이 잘 가지 않고 손쉽게 대량 생산이 가능해요. 또 나일론보다 튼튼하고, 물에 젖어도 잘 찢어지지 않아요. 그래서 쿠션, 방석, 가방, 의류 등 다양한 생활용품을 만드는 데 쓰이지요.

아크릴은 동물의 털로 만든 모섬유 대용으로 쓰이는데, 보온성과 탄성이 좋고 햇빛에 강해요. 하지만 보풀이 잘 일어나고 열에 약하다는 단점도 가지고 있어요. 보온성이 높기 때문에 겨울철 옷이나 담요, 카펫 등을 만드는 데 쓰여요.

합성 섬유는 세탁 조건이 까다로운 편은 아니지만, 아주 뜨거운 물로 세탁을 할 경우 옷감이 상할 수 있으니 주의해야 해요.

한편, 합성 섬유로 만든 옷은 세탁기에 넣고 돌릴 때마다 미세 플라스틱이 새어 나와요. 이 미세 플라스틱은 하수구를 통해 강과 바다로 흘러 들어가기 때문에 큰 골칫거리예요.

폴리에스터로 만든 가방

아크릴로 만든 겨울 용품들

 **다재다능한 플라스틱**

플라스틱은 우리가 상상하는 것 이상으로 다양하게 활용돼요. 원하는 대로 모양을 만들 수 있는 플라스틱은 지금도 계속 놀라운 진화를 거듭하고 있답니다.

탄소 섬유 강화 플라스틱, 비행기가 되다

철보다 열 배나 강한 실, 탄소 섬유에 대해 들어 본 적 있나요?

탄소 섬유의 무게는 철의 약 25퍼센트밖에 안 될 만큼 가벼운데, 철보다 튼튼하고 탄성도 좋아요. 또, 다른 섬유보다 높은 열에 잘 견뎌서 미래 섬유로 주목받고 있어요.

이러한 탄소 섬유를 플라스틱과 섞어서 강도와 탄성을 더 높이 끌어올린 플라스틱을 '탄소 섬유 강화 플라스틱'이라고 해요. 이 플라스틱은 우주선, 전투기, 비행기 등의 외장재나 부품을 만드는 데 쓰여요. 탄소 섬유가 가벼워서 연료 사용량을 크게 줄일 수 있기 때문이지요.

가벼운 탄소 섬유는 스포츠 분야에서도 인기 만점이에요. 테니스 라켓이나 골프채, 낚싯대 등의 재료로 쓰여서 운동 효과를 더욱 높여 주지요.

찌릿찌릿! 전기가 흐르는 플라스틱

전기가 통하는 플라스틱을 '전도성 플라스틱'이라고 해요. 원래 플라스틱의 특징 중 하나는 전기가 통하지 않는다는 것이었어요. 플러그나 전선의 겉을 플라스틱으로 감싸는 이유도 그 때문이지요. 하지만 과학자들은 이러한 상식을 뒤집는 전도성 플라스틱을 개발했어요. 이를 개발한 과학자인 앨런 히거, 앨런 맥더미드, 시라카와 히데키는 2000년에 공동으로 노벨 화학상을 받기도 했답니다.

전기가 잘 통하는 금속이 이미 있는데, 왜 전기가 잘 통하는 플라스틱까지 만들었냐고요? 그 이유는 금속이 가진 한계 때문이에요. 컴퓨터나 TV, 노트북, 휴대 전화 등의 전자 제품에서 나오는 전자파를 막으려면 금속 케이스가 필요한데, 금속은 무겁고 비싸요. 그래서 제품의 생산 비용이 올라가 제품 값도 비싸져요.

하지만 전기가 통하는 플라스틱을 쓰면 이야기가 달라지지요. 저렴한 비용으로 가볍고 전자파 걱정 없는 전자 제품을 만들 수 있어요. 전도성 플라스틱은 스마트폰이나 TV, 디스플레이, 태양광 전지 분야 등과 같은 차세대 첨단 기술에 두루 활용되고 있어요.

바이오플라스틱

바이오플라스틱(bioplastic)은 미생물이 배출하는 분해 요소에 의해 자연적으로 썩는 플라스틱을 말하는데, '생분해성 플라스틱'이라고도 해요. 썩지 않는 플라스틱과 달리 자연에서 분해되어 환경을 위한 플라스틱으로 주목받고 있지요.

플라스틱의 주원료인 석유가 언젠가 바닥나는 것 또한 해결해야 할 문제예요. 그래서 최근에는 과학자들이 자연에서 얻을 수 있는 친환경 바이오플라스틱 원료들을 연구하고 있어요. 대표적으로 옥수수, 콩, 감자 등이 있지요. 천연 재료로 만든 바이오플라스틱은 음료수 병이나, 휴대 전화, 가전제품, 키보드, 자동차 등 다양한 제품에 쓰여요.

그러나 바이오플라스틱에도 한계가 있어요. 현재 사용되는 어마어마한 양의 플라스틱을 바이오플라스틱으로 바꾸려면 그만큼 많은 농작물을 길러야 해요. 그 과정에서 물과 비료, 농약 등을 마구 쏟아붓게 되므로 또 다른 환경 문제가 생겨날 수밖에 없어요. 게다가 일정한 조건이 갖춰져야만 자연 분해 된다는 지적도 있지요.

플라스틱의 발명과 발전

플라스틱의 발명

- 셀룰로이드: 1869년경 미국의 발명가 존 하이엇이 녹나무의 수액에 '질산 섬유소'라는 물질을 섞어서 만든 최초의 천연수지 플라스틱. 잘 깨지고 열에 약하다는 것이 단점임.
- 베이클라이트: 1907년, 미국의 화학자인 리오 베이클랜드가 만든 합성수지 플라스틱. 지금과 같은 플라스틱 전성시대를 열어 준 계기가 됨.

천연수지와 합성수지

- 천연수지: 동식물에서 얻은 끈적이는 액체. 대표적으로 소나무과의 나무에서 나오는 끈적한 액체인 '송진'이 있음. 플라스틱이 발명되기 전에는 천연수지로 생필품을 만들어 씀.
- 합성수지: 석유나 석탄 등에서 추출한 물질을 인공적으로 합성시켜 만든 고분자 물질. 우리가 흔히 플라스틱이라 부르는 모든 것이 합성수지임.

3대 합성 섬유

- 폴리에스터와 아크릴, 나일론은 요즘 가장 많이 쓰이는 3대 합성 섬유로, 모두 플라스틱임.
- 나일론: 미국의 화학자 월리스 캐러더스 박사가 발명한 최초의 합성 섬

유. 1938년 뉴욕 세계박람회에서 처음 선보여 큰 관심을 끌었으며, 여성용 스타킹과 고급 의류, 군수품 등의 원료로 쓰임.
- 폴리에스터(또는 폴리에스테르): 나일론보다 튼튼하고 구김이 잘 가지 않으며, 손쉽게 대량 생산이 가능함. 쿠션, 방석, 가방, 의류 등 여러 가지 생활용품의 원료로 쓰임.
- 아크릴: 모섬유를 대신하는 합성 섬유. 보온성과 탄성이 좋아서 겨울철 옷이나 담요, 카펫 등의 원료로 쓰임.

플라스틱의 발전

- 탄소 섬유 강화 플라스틱: 탄소 섬유와 플라스틱을 섞어 강도와 탄성을 더욱 강화시킨 플라스틱. 무게가 가벼워서 우주선, 전투기, 비행기 등의 외장재나 부품으로 쓰임.
- 전도성 플라스틱: 전기가 통하는 플라스틱. 전자파 차단이 가능할 뿐만 아니라 금속보다 저렴하고 가벼워서 전자 제품의 원료로 쓰임.
- 바이오플라스틱: 자연적으로 분해되는 플라스틱으로, '생분해성 플라스틱'이라고도 함. 옥수수, 콩, 감자 등의 식물로 만든 바이오플라스틱은 썩지 않는 플라스틱 쓰레기를 줄여 주지만, 대규모 농작물을 기르는 과정에서 또 다른 환경 문제가 생겨남. 일정한 조건이 갖춰져야만 자연 분해된다는 지적도 있음.

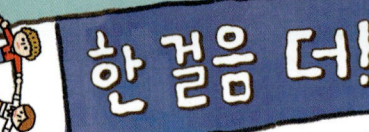

플라스틱 7총사를 소개합니다!

플라스틱은 종류가 아주 많아요. 플라스틱의 성질에 따라 쓰이는 곳도 각각 다르답니다.
플라스틱 용기에 삼각형 모양의 재활용 표시를 본 적 있나요? 분리해서 버려야 하는 중요한 일곱 가지 플라스틱에 표시해 둔 것이지만, 모두 재활용되지는 않는다고 해요. 그럼 대표적인 플라스틱 7총사를 만나 보아요.

1. PET 혹은 PETE: 페트

우리가 가장 흔히 쓰는 플라스틱으로, 음료를 담는 일회용 병(페트병)을 만들 때 쓰여요. 독성 물질이 거의 없고, 가장 많이 재활용돼요. 단, 빈 페트병을 재사용하면 박테리아가 생기기 쉬우니 주의해야 해요.

2. HDPE: 고밀도 폴리에틸렌

독성 물질이 거의 없어 안전하며, 열에 강해요. 일회용 식기나 장난감, 우유병을 비롯해 인공 관절까지 플라스틱 중 쓰임새가 가장 다양해요.

3. LDPE: 저밀도 폴리에틸렌

HDPE(고밀도 폴리에틸렌)보다 부드러워요. 비닐봉지와 비닐장갑, 주방 랩,

지퍼 백, 택배 봉투 등의 원료로 쓰이지요.

4. PVC: 폴리염화 비닐
물에 잘 젖지 않는 반면 열에 약하고, 태울 때 환경 호르몬이 나와요. 인조 가죽, 신발, 소파, 바닥재(장판) 등의 원료로 쓰여요.

5. PP: 폴리프로필렌
플라스틱 중 가장 가볍고 단단해요. 특히 약 121~165℃의 높은 온도에도 견딜 만큼 열에 강하지요. 도시락 용기, 일회용 그릇, 밀폐 용기, 보온병, 젖병 등을 만들 때 쓰여요.

6. PS: 폴리스티렌
가볍고 투명한 데다 냄새가 없어요. 여러 가지 모양으로 만들기도 쉬워요. 하지만 열에 약해요. 열을 가하면 환경 호르몬이나 발암 물질이 나와요. 기름기가 많은 뜨거운 음식을 담거나 전자레인지로 가열하지 않도록 주의해야 해요.

7. OTHER: 기타(그 밖의 플라스틱)
두 가지 이상의 원료가 섞인 복합 소재를 말해요. 과자 봉지, 즉석밥 용기, 안경, 스마트폰 케이스 등의 원료로 쓰여요.

3화

어서 와, 플라스틱 레스토랑

환경 플라스틱이 환경에 미치는 영향

죽음의 그림자로 물드는 바다

해마다 바다에 버려지는 플라스틱이 약 800만 톤이나 된다고 해요. 바다를 떠돌아다니는 플라스틱 쓰레기가 바다 생물들을 괴롭힌다는 사실을 알고 있나요?

어마어마한 바다 쓰레기

우리나라 해양수산부에 따르면 2020년 한 해 동안 전국의 바닷가에서 거둬들인 바다 쓰레기는 약 14만 톤인데, 그중 플라스틱이 80퍼센트를 차지한다고 해요.

어업 활동을 통해서도 미세 플라스틱은 계속 만들어져요. 버려진 고기잡이 도구나 그물, 배에서 나오는 온갖 쓰레기들이 바다로 흘러 들어가 쪼개지면서 미세 플라스틱이 되는 거예요. 주로 양식장 등에 떠 있는 스티로폼인 부표도 햇빛과 바람 등에 의해 잘게 쪼개져 미세 플라스틱이 된답니다.

또한 폐그물처럼 바닷물에 가라앉는 쓰레기들은 바다 생물들의 보금자리를 망가뜨릴 뿐만 아니라 목숨까지 빼앗아요. 안타깝게도 폐그물에 휘감겨 죽는 바다 생물들이 해변에서 발견되곤 한답니다.

죽은 고래가 보낸 경고

왼쪽 그림은 2018년 필리핀 환경 단체 그린피스 필리핀이 세계 고래의 날(매년 2월 셋째 주 일요일)을 맞아 플라스틱 쓰레기의 심각성을 일깨우기 위해 마닐라만에 설치한 고래 조형물이에요. 길이가 15미터나 되는 이 거대 조형물은 실제로 플라스틱 쓰레기로 만들어졌어요.

2018년 2월 27일에는 스페인 남부 무르시아 해변에서 향고래 한 마리가 죽은 채 발견됐어요. 사람들은 길이 10미터, 무게 6톤의 젊은 수컷 향고래가 왜 죽었는지 의아해했어요. 아니나 다를까 원인은 플라스틱 쓰레기였지요.

죽은 향고래를 부검한 결과, 배 속에서 무려 29킬로그램이나 되는 플라스틱 쓰레기가 나왔어요. 비닐봉지를 비롯해 밧줄, 폐그물 등이 고래의 위장을 꽉 채우고 있었지요. 향고래는 복막염을 앓다가 고통스럽게 죽었을 거라고 해요. 우리가 지금처럼 플라스틱을 펑펑 쓴다면 이런 슬픈 일들이 계속 벌어질 거예요.

아이고, 배야!

붉은바다거북을 지켜라!

 붉은바다거북은 태평양, 대서양, 인도양에 걸쳐 널리 흩어져 살아가요. 우리나라에서는 제주도와 남해안, 동해안에서 종종 모습을 드러냈지요. 서해안에서도 드물게 발견되었고요.
 그런데 최근에는 서식지 파괴와 환경 오염으로 붉은바다거북의 수가 크게 줄었다고 해요.

멸종이 코앞으로!

 국제자연보전연맹(IUCN)*에서는 붉은바다거북을 국제적 멸종 위기종 1급으로 지정했어요. 멸종 위기종이란 가까운 미래에 멸종할 위험이 높은 야생 생물을 말해요.
 우리나라 해양수산부도 2012년 붉은바다거북을 해양 보호 생물로 지정해 보호하고 있어요. 그래서 붉은바다거북을 잡거나 파는 일을 법으로 금지했지요. 이를 어기면 3년 이하의 징역 또는 3,000만 원 이하의 벌금형을 받게 된답니다.
 붉은바다거북은 바다거북 중에서 우리나라에서 알을 낳았던 기록이 있는 유일한 종이에요. 우리나라 바다가 붉은바다거북에게 소중한 보금자리가 될 수 있도록 다 함께 관심을 기울여야 해요.

★ **국제자연보전연맹** 세계의 자연환경 및 천연자원을 보호하기 위해 결성된 국제기구.

플라스틱 먹이 실험

미국의 '붉은바다거북 연구 프로젝트' 팀은 바다거북이 플라스틱 쓰레기를 먹는 과정을 알아내기 위한 실험을 했어요. 바다거북에게 깨끗한 플라스틱과 바닷물에 오래 담가 놓았던 플라스틱을 각각 주고 반응을 살폈지요.

결과는 충격적이었어요. 바다거북이 바닷물에 빠뜨렸던 플라스틱만을 먹었던 거예요. 바다에 버려진 플라스틱에 미생물이 달라붙으면 바다거북이 좋아하는 먹이 냄새를 풍긴다고 해요. 그러니 바다거북들이 플라스틱을 먹이로 착각할 수밖에 없지요.

안타깝게도 플라스틱을 삼킨 바다거북은 질식하거나 내장 기관이 망가져 죽는답니다.

전문가들이 추측하기로는 바닷새 열 마리 중 아홉 마리, 바다거북 열 마리 중 적어도 여덟 마리의 배 속에 플라스틱이 들어 있을 거라고 해요. 지구의 수많은 생물들이 이유도 모른 채 죽어 가고 있다는 섬뜩한 경고인 셈이지요.

시름시름 병들어 가는 산호초

알록달록 아름다운 빛깔의 산호초는 바다 생태계에서 매우 중요한 역할을 해요. 그런데 전 세계의 바닷속 산호초가 점점 병들어 가고 있어요. 그 이유를 함께 알아보아요.

산호초의 백화 현상

산호초는 바닷속의 이산화 탄소를 흡수하고 산소를 내뿜지요. 수많은 바다 생물에게 먹이와 보금자리도 제공해 주고요. 그래서 산호초가 모여 있는 산호초 지대를 '바다의 열대 우림'이라고 부른답니다.

그런데 왜 전 세계 산호초가 사라져 가는 걸까요? 가장 큰 이유는 지구 온난화로 바닷물의 온도가 점점 올라가고 있기 때문이에요. 공기 중에 늘어난 이산화 탄소가 바닷물에 녹아들어 바다가 산성화된 것도 원인 중 하나예요.

바다가 산성화되면 산호초가 탄산 칼슘을 잘 만들어 내지 못해서 제대로 성장하기 어려워요. 바다 온도가 올라간 탓에 산호초 속에서 살며 서로 도움을 주고받던 조류도 떠나 버려요. 결국 산호초는 석회질의 골격만 남아 하얗게 변하다 죽게 된답니다. 이를 백화 현상이라고 하지요.

세계에서 가장 큰 산호초 지대의 위기

세계에서 가장 큰 산호초 지대가 어디일까요?

바로 오스트레일리아 동북 해안에 위치한 그레이트배리어리프(Great Barrier Reef)랍니다. 이곳은 길이 약 2,000킬로미터, 너비 약 500~2,000미터로 규모가 어마어마해서 우주에서도 보일 정도라고 해요.

이곳은 풍경도 아름답지만, 멸종 위기에 놓인 초록거북과 듀공 등 다양한 바다 생물이 살고 있어 과학적·생물학적으로 매우 중요한 의미가 있어요. 그래서 1981년에는 유네스코 세계 자연 유산으로 선정되었지요.

이토록 거대한 산호초 지대가 만들어지기까지 과연 얼마나 걸렸을까요? 놀랍게도 약 1,800만 년의 세월이 걸렸다고 해요. 그야말로 자연이 준 선물이지요. 하지만 이곳 역시 지구 온난화로 큰 위기를 겪고 있어요. 산호초의 백화 현상이 나날이 심해지고 있거든요. 이곳의 아름다운 자연 경관은 긴 세월에 걸쳐 천천히 만들어졌지만, 망가지는 것은 한순간이 될지도 몰라요.

죽은 산호초를 되살리는 일은 매우 어려워요. 산호초의 백화 현상을 일으키는 여러 원인을 없애는 일이 결코 쉽지 않으니까요. 그러나 산호초를 지키고 보호하려는 노력을 멈춰서는 안 되겠지요.

병든 바다를 살려라!

병들어 가는 것은 고래와 바다거북뿐만이 아니에요. 바다 생태계를 지탱해 주는 바다 식물들이 점차 사라지면서, 바다 환경이 메말라 가고 있어요. 병든 바다를 살려 낼 방법에는 무엇이 있을까요?

바다에도 숲이 필요해!

바다숲의 모습

바다 숲이란 바닷속에 해조류 등이 자라 숲을 이룬 곳을 말해요. 미역과 톳, 모자반 등의 해조류와 잘피 같은 해초류가 무리 지어 사는 해역이지요.

바다 숲은 수많은 바다 생물이 먹고살 수 있는 중요한 터전인 동시에 이산화 탄소를 흡수해 주는 고마운 존재예요.

육지의 울창한 나무숲이 이산화 탄소를 흡수하고 깨끗한 산소를 내뿜는다는 사실은 익히 들어서 알고 있지요? 이와 마찬가지로 바다 숲도 이산화 탄소를 흡수하고 산소를 내뿜으며, 여러 오염 물질을 걸러 내 준답니다.

우리나라 대표 바다 숲 중 하나인 제주 바다 숲이 1년간 흡수하는 이산화 탄소 양은 약 3만 3,525톤이라고 해요. 이것은 자동차 약 2만 2,000대가 내뿜는 이산화 탄소 양과 맞먹는답니다.

우리나라의 바다 숲 만들기

우리나라 바다도 점점 사막화되고 있어요. 덩달아 바다 생물들도 줄어들고 있지요. 이에 심각성을 느낀 우리나라 정부는 바다 환경을 건강하게 가꾸기 위해 여러 가지 노력을 기울이고 있어요. 그중 하나가 바다 숲 만들기 사업이랍니다.

특히 해양수산부 소속 한국수산자원공단에서는 우리 바다에 해조류와 해초류를 꾸준히 심고 있어요. 해조류로는 주로 사람의 보호 없이도 스스로 살아가는 감태와 모자반, 다시마, 미역, 우뭇가사리 등을 심지요. 또 황해와 남해를 중심으로 잘피 숲도 만들어 가고 있어요.

잘피는 바닷물에 완전히 잠겨서 자라는 속씨식물이에요. 속씨식물이란 꽃식물 가운데 밑씨가 씨방 안에 싸여 있는 식물을 말해요. 잘피는 다시마나 미역 같은 해조류와는 달리 꽃을 피우며 잎과 줄기, 뿌리를 가지고 있지요.

잘피 숲 역시 이산화 탄소를 많이 흡수할 뿐만 아니라, 수많은 바다 생물에게 먹이와 보금자리를 제공해 주어 그 가치를 널리 인정받고 있답니다.

바다 숲과 잘피 숲을 만드는 것은 바다 생태계를 살리는 일이나 다름없어요. 병든 바다를 살리는 이런 사업에 꾸준히 관심을 가져야 해요.

잘피 숲의 모습

플라스틱이 환경에 미치는 영향

바다 환경 파괴의 심각성
- 해마다 바다에 버려지는 플라스틱 쓰레기가 약 800만 톤에 이름.
- 어업 활동으로 생겨나는 무수한 플라스틱 쓰레기가 바다로 흘러 들어감. 햇빛과 바람, 파도 등에 의해 쪼개진 2차 미세 플라스틱이 되어 바다를 오염시킴.
- 폐그물과 같이 바닷물에 가라앉는 쓰레기가 바다 생물의 보금자리를 망가뜨리고 생명까지 위협함.

고통받는 바다 동물들
- 2018년 2월, 스페인 남부 무르시아 해변에서 죽은 채 발견된 향고래의 배 속에서 무려 29킬로그램의 플라스틱 쓰레기가 나옴.
- 붉은바다거북은 환경 오염으로 개체 수가 크게 줄어 국제적 멸종 위기종 1급으로 지정됨. 우리나라 역시 2012년 붉은바다거북을 해양 보호 생물로 지정해 보호 중임.
- 전문가들은 바닷새 열 마리 중 아홉 마리, 바다거북 열 마리 중 적어도 여덟 마리의 배 속에 플라스틱이 들어 있을 거라고 추정함.

산호초의 백화 현상
- 산호초 지대는 '바다의 열대 우림'이라고 불릴 만큼 바다 생태계를 지탱하는 데 중요한 역할을 함.
- 지구 온난화로 바닷물의 온도가 올라가면서 산호초의 성장이 어려워짐. 산호초가 하얗게 변해 죽는 '백화 현상'이 일어남.
- 세계에서 가장 큰 산호초 지대로 알려진 그레이트배리어리프(Great Barrier Reef)에서도 산호초의 백화 현상이 나날이 심각해짐.

바다를 살리는 바다 숲
- 바다 숲은 바닷속에 해조류와 해초류 등이 자라 숲을 이룬 곳을 뜻함.
- 바다 숲은 수많은 바다 생물에게 먹이와 보금자리를 제공함. 아울러 이산화 탄소를 흡수하고 산소를 내뿜어 바다 환경을 깨끗하게 만들어 줌.
- 우리나라 정부는 바다 사막화를 막기 위해 해조류와 해초류를 바다에 심는 바다 숲 만들기 사업을 꾸준히 펼치고 있음.

착한 탄소? 나쁜 탄소?

우리는 탄소 속에 살고 있다 해도 지나친 말이 아니에요. 탄소는 그 자체가 물질이 되기도 하지만, 수많은 물질에 원소로 포함되어 있기 때문이에요. 탄소는 영어로 카본(carbon)이라고 하는데, 지구를 순환하는 이 탄소를 과학자들은 세 가지 색깔로 구분해서 불러요. 바로 그린 카본, 블루 카본, 블랙 카본이지요. 그린 카본과 블루 카본은 착한 탄소, 블랙 카본은 나쁜 탄소라고 부르기도 해요. 그 이유가 뭘까요?

그린 카본

그린 카본은 육지 생태계가 흡수하는 탄소를 말해요.
침엽수림이나 열대 우림에서 자라는 녹색 식물의 잎에는 엽록소가 들어 있어요. 녹색 식물은 엽록소로 광합성을 하는데, 이때 이산화 탄소를 흡수하고 산소를 내뿜어 공기를 맑게 해 주지요.

아마존 열대 우림

전 세계에서 그린 카본을 가장 활발하게 만들어 내는 곳은, '지구의 허파'라고 불리는 아마존 열대 우림이에요. 그런데 최근에는 무분별한 개발로 그린 카본이 줄었다고 해요.

블루 카본

바닷가에 사는 생물을 포함해 맹그로브 숲과 염습지, 잘피 숲 등의 바다 생태계가 흡수하는 탄소를 말해요. 맹그로브 숲은 아열대 또는 열대의 바닷가나 하구의 습지에서 발달하는 숲이고, 염습지는 바닷물이 드나들어 소금기를 머금은 축축한 땅이에요. 블루 카본은 그린 카본보다 탄소를 흡수하는 속도가 최대 50배나 빠르고 수천 년 동안 탄소를 저장할 수 있다고 해요. 그래서 지구 온난화 문제를 풀어낼 해결사로 주목받고 있답니다.

맹그로브 숲

블랙 카본

블랙 카본은 그린 카본이나 블루 카본처럼 흡수되는 것이 아니라 배출되는 탄소예요. 즉, 공장이나 자동차에서 내뿜는 매연, 나무를 태울 때 나오는 그을음 등을 말해요. 이런 물질들은 햇빛의 열을 흡수한 뒤 적외선으로 바꾸어 대기 중에 배출하기 때문에 지구 온난화를 일으켜요.

자동차 매연

4화
돌고 돌아 결국 우리 몸에!

인체 플라스틱이 인체에 미치는 영향

밥상 위의 미세 플라스틱

여러분은 우리가 날마다 미세 플라스틱을 먹고 있다는 사실이 믿기나요? 세계자연기금(WWF)에 따르면 한 사람이 일주일간 신용 카드 한 장(5그램), 한 달간 칫솔 한 개(21그램) 정도의 미세 플라스틱을 먹는다고 해요. 이대로 쭉 간다면 2050년에는 바다에 물고기보다 플라스틱이 더 많을지도 모른다고 경고했어요. 어쩌다 우리는 미세 플라스틱까지 먹게 된 걸까요?

바다에서 식탁으로

바다로 흘러든 미세 플라스틱은 바다 곳곳을 자유롭게 누비고 다녀요. 그러다가 산호초와 해초에 달라붙거나 플랑크톤에게 먹히지요. 플랑크톤은 거의 모든 바다 동물의 먹이예요. 결국 어류와 갑각류 등 바다 동물의 몸속에도 미세 플라스틱이 쌓이게 되지요.

미세 플라스틱이 우리 몸속에 들어오는 과정

① 미세 플라스틱이 바다에 쫙 퍼짐.
② 플랑크톤이 미세 플라스틱을 먹음.
③ 작은 물고기가 플랑크톤을 먹음.
④ 큰 물고기가 작은 물고기를 잡아먹음.
⑤ 미세 플라스틱에 오염된 해산물이 우리 식탁으로 올라옴.

문제는 여기서 끝나지 않아요. 먹이 사슬의 맨 위에는 바로 인간이 있어요. 미세 플라스틱에 오염된 바다 생물이 식탁으로 올라와서 우리 몸에도 나쁜 물질을 퍼뜨린답니다. 사람들이 만들고 버린 미세 플라스틱이 부메랑이 되어 돌아온 셈이지요.

생선만 안 먹으면 될까?

'바다에서 나는 음식만 안 먹으면 괜찮겠지?'

사람들 대부분이 이렇게 생각할지도 몰라요. 그러나 미세 플라스틱은 이미 바다와 육지를 가리지 않고 널리 퍼져 있어요.

심지어 지구의 청정 지역이라고 불리던 남극과 북극의 눈에서도 미세 플라스틱이 발견되었어요. 이는 미세 플라스틱이 바다에만 있는 것이 아니라 공기 중에 떠다니다 내리는 눈 속에 들어갈 수 있다는 것을 의미하지요.

최근 네덜란드에서는 해산물 이외의 다양한 음식 재료 속에도 미세 플라스틱이 들어 있다는 연구 결과를 발표했어요. 연구에 따르면 네덜란드산 소고기와 돼지고기 등에서도 미세 플라스틱이 발견되었다고 해요.

생활 속의 미세 플라스틱

 우리가 매일 쓰는 생활용품은 안전할까요? 세제나 화장품 등에 넣기 위해 처음부터 작게 만든 미세 플라스틱은 너무 작아서 눈에 띄지 않고, 나도 모르는 새 먹게 될 수도 있어서 우리의 건강을 위협하지요. 또한 생활용품 속에 든 화학 물질도 주의해야 돼요.

화장품에 숨은 플라스틱 알갱이!

 미세 플라스틱이 환경 오염의 주범으로 알려지면서 우리나라에서는 2017년 7월부터 '씻어 내는 화장품'에 미세 플라스틱 사용을 금지했어요. '씻어 내는 화장품'이란 치약이나 샴푸, 세안제처럼 물에 씻겨 내려가는 화장품을 말해요.

 하지만 그 밖에 바르는 화장품에 들어가는 미세 플라스틱 문제가 여전히 남아 있어요. 대표적으로 펄, 글리터 등이 들어간 색조 화장품들이 있지요. 화사한 얼굴빛을 표현하기 위해 볼과 눈가 등에 바르는 화장품의 반짝이 성분이 바로 미세 플라스틱이라는 사실, 알고 있었나요? 이런 미세 플라스틱들은 세안할 때 물에 씻겨서 강과 바다로 흘러 들어간답니다.

화장품 속 계면 활성제와 방부제

계면 활성제는 물과 기름을 잘 섞이게 해 주는 물질이에요. 비누나 샴푸, 치약, 세제와 같은 세정 용품에 주로 쓰이고, 클렌징 크림과 선크림 같은 화장품에도 사용돼요. 그런데 계면 활성제는 민감한 피부에 자극을 줄 수 있  어서 세안할 때 피부에 남지 않도록 깨끗이 씻어 내야 해요.

방부제는 제품이 변질되지 않도록 식품이나 화장품 등에 넣는 화학 물질이에요. 가장 많이 쓰이는 화장품 방부제로는 파라벤이 있어요. 일부 전문가들은 파라벤이 피부 알레르기 등을 일으킬 수 있어서 파라벤이 들어 있지 않은 제품을 쓰는 것이 더 안전하다고 주장해요. 하지만 어떤 화장품을 쓰든 피부에 문제가 생겼다면 사용을 멈추고 피부과에 가야 해요.

올바른 화장품 사용법

- 미생물로 인한 오염을 막기 위해 화장품 사용 후에는 뚜껑을 꼭 닫아요.
- 화장품을 바르기 전에 손을 깨끗이 씻어요.
- 화장품은 직사광선을 피하고 서늘한 곳, 그늘진 곳에 보관해요.
- 화장품 용기에 표시된 유통 기한을 꼭 확인하고, 기한 안에 다 쓰도록 해요.

옷을 빨면 미세 플라스틱이 술술

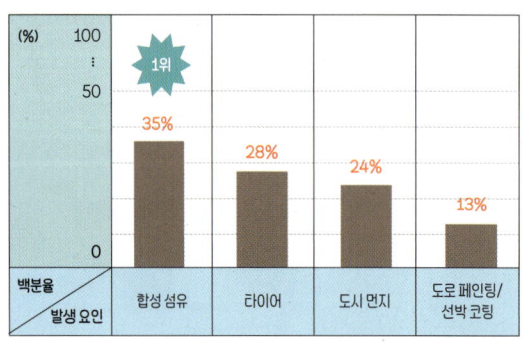

미세 플라스틱 발생 요인
• 자료 출처: 국제자연보전연맹(2017년 기준)

오늘날에는 천연 섬유보다 합성 섬유로 만든 옷을 훨씬 더 많이 입어요. 그리고 합성 섬유의 60퍼센트가 폴리에스터지요. 그런데 합성 섬유로 된 옷을 세탁할 때 나오는 미세 플라스틱이 전 세계 바다로 흘러드는 미세 플라스틱 가운데 3분의 1이나 된다고 하니 큰 문제지요.

 합성 섬유는 값싸고 기능적인 옷을 더 빨리, 더 많이 만들 수 있다는 장점을 가지고 있어요. 그래서 몇몇 의류 브랜드에서는 유행을 좇아 한철만 입고 버리는 값싼 옷을 만들어 팔지요. 이를 패스트 패션이라고 불러요. 사람들도 점차 유행 따라 쉽게 옷을 사는 데 익숙해졌지요.

 이런 소비문화는 지구 환경을 망가뜨리는 큰 원인이에요. 이제 새 옷을 사기 전에 꼭 필요한 옷인지 곰곰이 생각해 보는 습관이 필요한 때예요.

플라스틱이 내뿜는 환경 호르몬

우리 주변에는 건강을 해치는 환경 호르몬들이 널리 퍼져 있어요. 환경 호르몬이 진짜 무서운 이유는 우리 몸속 어딘가에 계속 남아서 다음 세대에까지 해를 입히기 때문이에요.

환경 호르몬이 무엇이고, 어떻게 주의해야 하는지 알아볼까요?

환경 호르몬이란?

환경 호르몬은 인간의 산업 활동을 통해서 발생하는 일부 화학 물질인데, 주로 공장에서 내보내는 매연과 폐수, 자동차 배기가스, 플라스틱 등에서 나와요.

환경 호르몬은 이름에서 드러나듯이 생명체의 몸속에 들어가면 마치 호르몬처럼 작용해요. 그래서 몸속의 진짜 호르몬이 제 역할을 하지 못하도록 방해하지요. 정식 이름은 내분비 교란 물질이에요.

환경 호르몬이 몸속에 많이 쌓이게 되면 성조숙증, 발달장애, 불임 등과 같은 이상 증상이 나타날 수 있으니 각별히 주의해야 해요.

생활 속 환경 호르몬

환경 호르몬의 대표 주자는 '비스페놀 에이(bisphenol A)'예요. 플라스틱을 만들 때 비스페놀 에이를 넣으면 플라스틱이 투명하고 단단해져요. 그래서 일회용 용기, 영수증, 컵라면 용기 등을 만들 때 주로 쓰이지요. 또 통조림은 캔이 녹슬지 않도록 캔 안쪽에 에폭시로 코팅을 하는데, 이 에폭시의 주원료도 비스페놀 에이랍니다.

비스페놀 에이는 사람 몸에 흡수되어 소변으로 나와요. 하지만 정화조를 통해 바다로 흘러 들어가서 환경을 오염시켜요. 결국에는 우리의 몸에 다시 들어오는 악순환을 반복하게 되지요.

'죽음의 재'라고 불리는 다이옥신도 환경 호르몬이에요. 플라스틱이나 그 밖의 쓰레기를 태울 때 많이 나와요. 살충제 같은 농약과 화학 비료에서도 나오지요. 다이옥신은 아주 무서운 유독 물질로, 암에 걸리거나 기형아를 낳게 할 만큼 인체에 해롭답니다.

다이옥신은 한번 생겨나면 저절로 분해되거나 녹지 않고 자연 속에 존재해요. 식물 등에 묻어 있다가 사람들이 음식으로 먹으면 몸속 지방 조직에 쌓이지요. 그래서 과일과 채소는 잘 씻어서 먹어야 해요.

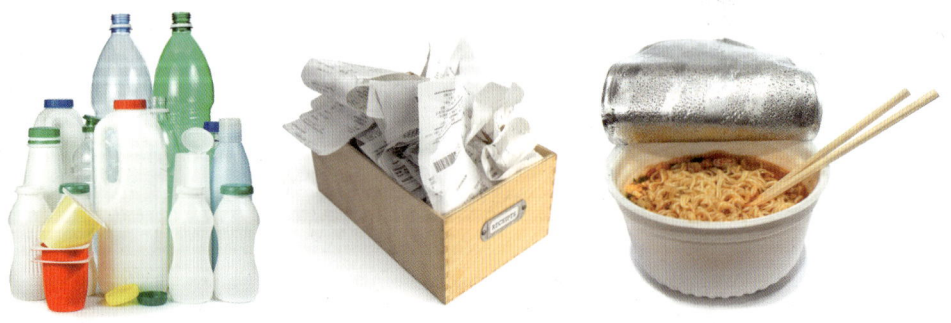

환경 호르몬이 나오는 생활용품

생활 속 환경 호르몬을 피하는 방법

모든 플라스틱이 환경 호르몬을 내뿜는 것은 아니에요. 우리가 특히 주의해야 할 플라스틱은 용기에 PVC, PS, OTHER*라고 쓰인 것들이에요. 어떤 물질이 들어 있는지 알 수 없는 OTHER를 비롯한 이 플라스틱들에 열을 가하면 환경 호르몬이 나올 위험이 커요. 우리의 건강을 위해 다음 내용을 꼭 기억하고 실천해요!

① 플라스틱 일회용품을 되도록 쓰지 않아요.
② 종이 영수증 대신 전자 영수증으로 받아요. 종이 영수증을 만졌다면 비누로 손을 잘 씻어요.
③ 고무나 비닐, 그 밖의 플라스틱 물건들을 함부로 태우지 않아요.
④ 뜨거운 음료나 음식을 담을 때는 유리나 스테인리스 용기를 사용해요.
⑤ 플라스틱 용기에 담긴 음식, 랩으로 싼 음식, 컵라면 등을 전자레인지에 데워 먹지 않아요. 전자레인지에는 유리 용기를 쓰거나 전자레인지용(PP라고 표시된 용기) 플라스틱 용기를 써요.
⑥ 컵라면 뚜껑에 라면을 덜어 먹지 않아요.
⑦ 통조림에 담긴 음식물은 국물은 버리고, 건더기는 물에 헹궈 먹어요.
⑧ 빈 냄비나 프라이팬을 오래 달구지 않아요. 코팅이 벗겨진 프라이팬은 바로 버려야 해요.

★ PVC, PS, OTHER 이 책의 45쪽을 참고하세요.

돌고 돌아 결국 우리 몸에!

밥상 위 미세 플라스틱
- 미세 플라스틱은 바다 곳곳에 퍼져서 여러 바다 생물들에게 먹힘.
- 오염된 바다 생물들이 식탁 위로 올라와 사람들의 건강을 위협함.
- 해산물 이외의 음식 재료 속에서도 미세 플라스틱이 발견됨.

생활 속 미세 플라스틱
- 세제나 화장품 등 여러 생활용품에도 미세 플라스틱이 들어 있어 환경 오염을 일으킴.
- 우리나라는 2017년 7월부터 '씻어 내는 화장품'에 미세 플라스틱 사용을 금지함. 그러나 색조 화장품과 같이 '바르는 화장품'에는 미세 플라스틱이 여전히 사용됨.
- 합성 섬유로 된 옷을 세탁할 때 나오는 미세 플라스틱이 강과 바다로 흘러 들어가 환경을 오염시킴.

환경 호르몬의 뜻
- 인간의 산업 활동을 통해서 발생하는 화학 물질 중에서 생명체의 몸속에 들어가 호르몬처럼 작용하는 물질을 뜻함.
- 주로 공장에서 내보내는 매연과 폐수, 자동차 배기가스, 일부 플라스틱

등에서 나옴.
- 정식 이름은 내분비 교란 물질이며, 사람의 몸속에 많이 쌓이면 성조숙증, 발달장애, 불임 등과 같은 이상 증상이 나타남.

생활 속 환경 호르몬
- 비스페놀 에이: 환경 호르몬의 대표 주자. 일회용 용기, 컵라면 용기, 영수증 등을 만들 때 쓰이는 화학 물질.
- 다이옥신: '죽음의 재'라고 불리는 유독 물질이자 환경 호르몬. 플라스틱이나 그 밖의 쓰레기를 태울 때 주로 나오고, 살충제 같은 농약과 화학 비료에서도 나옴.
- 일부 플라스틱: PVC, PS, OTHER라고 표시된 플라스틱에 높은 열을 가하면 환경 호르몬이 나올 위험이 큼.

한 걸음 더!

남은 의약품과 재활용 쓰레기 잘 버리는 방법

남은 약은 이렇게 버려요!

병원에서 처방받은 약을 다 먹지 못하고 버려야 할 때가 있어요. 또는 유통 기한이 지난 연고를 버려야 할 때도 있고요. 이럴 때 어떻게 버려야 할까요? 혹시 음식 쓰레기나 일반 쓰레기로 버리고 있다면 잘못된 방법이에요.

아무렇게나 버려진 의약품은 토양은 물론이고 강과 하천을 오염시켜요. 의약품을 태울 때 나오는 연기는 공기를 오염시키지요. 하천과 강이 오염되면 우리가 마시는 물도 안전할 수 없어요.

또 바다가 오염되면 물고기가 죽거나 알을 낳지 못해요. 내성이 강해져 어떤 항생제로도 죽지 않는 슈퍼 박테리아가 생겨날지도 몰라요. 우리가 함부로 버린 의약품은 돌고 돌아 결국 우리의 건강을 위협한답니다. 마치 미세 플라스틱처럼 말이에요.

앞으로 남은 의약품은 한곳에 잘 모아 두었다가 동네의 가까운 약국에 가져다주거나 폐의약품 수거함에 버려 주세요! 이렇게 모아진 의약품들은 전문 기관에서 안전하게 처리한답니다.

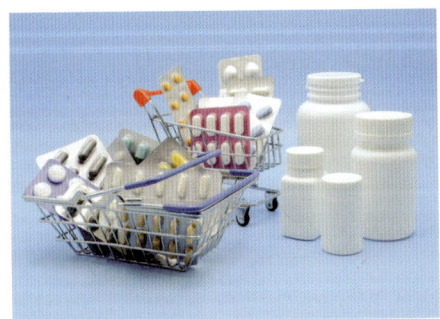

완벽한 재활용을 위한 네 가지 원칙

플라스틱이 제대로 재활용되려면 올바른 분리배출이 가장 중요해요. 분리배출을 잘하기 위해서는 다음 네 가지 원칙을 꼭 지켜야 한답니다. 생활 속에서 꼭 실천해 보세요!

❶ **비우기** 용기 안에 담겨 있는 내용물은 깨끗이 비운 뒤 버려요.
❷ **헹구기** 용기 안에 묻은 음식물 찌꺼기 등의 이물질은 행주로 닦거나 물로 한 번 헹궈서 버려요.
❸ **분리하기** 페트병에 붙은 스티커와 라벨처럼 재질이 다른 것은 모두 제거해서 버려요.
❹ **섞지 않기** 종류별, 재질별로 구분해서 분리수거함에 버려요.

비우기

헹구기

분리하기

섞지 않기

- 나도 환경 운동가
- 바닷가 쓰레기, 이제 안녕!
- 미세 플라스틱 줄이기

| 한눈에 쏙 | 환경을 지키려는 노력 |
| 한 걸음 더 | 바다를 지키기 위한 발명 |

나도 환경 운동가

플라스틱이 곳곳에 넘쳐 나는 지금, 다행히 지구촌 곳곳에서는 플라스틱 쓰레기를 줄이기 위한 환경 운동들이 계속 생겨나고 있어요. 어떤 것들이 있는지 살펴볼까요?

아나바다 운동

아나바다는 '아껴 쓰고 나눠 쓰고 바꿔 쓰고 다시 쓰기'를 줄인 말로, 불필요한 소비를 줄이기 위해 시작된 환경 운동이에요.

아직 쓸 만하지만 지금 당장 나에게는 필요 없는 물건을 다른 사람에게 싼값에 파는 아나바다 장터나 벼룩시장을 학교 또는 동네 공터에서 한두 번쯤 경험하거나 본 적 있지 않나요? 이와 같이 중고 물품을 사고파는 곳은 오프라인뿐 아니라 온라인에서도 활성화되고 있어요.

제로 웨이스트 운동

제로 웨이스트는 말 그대로 쓰레기 배출을 거의 0(zero, 제로)으로 만들기 위해, 일상에서 쓰레기를 줄인 경험담을 서로 공유하는 운동이랍니다. 재활용과 재사용을 통해 쓰레기를 줄이고, 제품을 만들 때도 재활용과 재사용이 가능한 재료를 쓰게 하는 것이 궁극적인 목표예요.

환경 문제가 나날이 심각해지면서 제로 웨이스트 운동은 세계로 점차 퍼져 나가고 있어요. 친환경 제품을 파는 가게들도 점점 늘고 있답니다.

용기내 챌린지

용기내 챌린지는 시장이나 식당에 갔을 때, 용기(勇氣, 굳센 마음)를 내서 용기(容器, 그릇) 내(內, 안)에 식재료나 음식물을 받아 오는 운동을 뜻해요.

코로나바이러스의 유행으로 사람들이 배달과 포장 음식을 많이 찾으면서 일회용 플라스틱 쓰레기가 엄청나게 늘었어요. 그래서 일회용 용기나 비닐봉지 대신 다회용 용기와 에코 백, 천 주머니 등을 사용해 불필요한 쓰레기를 줄이고자 시작된 운동이에요. 꾸준히 실천한다면 환경을 지키는 데 큰 도움이 될 거예요.

바닷가 쓰레기, 이제 안녕!

여름 휴가철마다 바닷가는 온갖 쓰레기들로 몸살을 앓아요. 사람들은 바닷가 쓰레기를 어떻게 효과적으로 처리할지 오랫동안 고민했어요. 그래서 다음과 같은 기발한 아이디어를 냈답니다.

비치코밍, 바닷가 쓰레기를 쓸어버리자!

비치코밍(beachcombing)이란 바닷가에 나뒹구는 쓰레기와 표류물을 빗질(combing)하듯이 쓸어버리자는 뜻이에요.

처음에는 예쁜 조개껍질이나 유리 조각을 줍는 것으로 시작했으나, 나중에는 바닷가를 산책하는 동안 온갖 쓰레기를 주워 모으는 환경 보호 활동을 의미하게 되었답니다. 아울러 직접 주운 바다 쓰레기로 예쁜 소품이나 예술 작품 등을 만드는 체험 활동도 많이 생겨나 사람들에게 좋은 반응을 얻고 있어요.

플로깅, 조깅하면서 쓰레기도 주워요!

플로깅(plogging)은 스웨덴어 '플로카 업(plocka upp, 줍다)'과 '조가(jogga, 조깅하다)'가 합쳐진 '플로가(plogga)'의 명사형으로, '쓰레기를

주우며 조깅하기'라는 뜻이에요. 우리나라에서는 '줍깅'이라고도 하지요.

플로깅은 2016년 스웨덴에서 처음 시작되었어요. 운동으로 건강을 챙기면서 환경 보호를 위한 작은 실천도 함께 할 수 있으니 전 세계 사람들에게 금세 알려졌지요.

씨 글라스, 바다가 돌려준 보석

씨 글라스(sea glass)는 유리컵과 콜라병 등이 깨지고 닳아서 조약돌처럼 매끈해진 유리 조각이에요. 흔히 바다 보석이라고도 불러요. 이름은 제법 그럴싸하지만 실은 재활용되지 않고 바다에 버려진 유리랍니다.

씨 글라스는 모양이 둥글고 빛깔이 고와서 눈에 확 띄지요. 덕분에 최근에는 씨 글라스가 많은 유리 해변을 일부러 찾아가 이를 모으는 사람들도 많아졌어요. 그뿐 아니라 잘 다듬어 액세서리를 만들거나, 예술적이고 실용적인 물건으로 만들어 판매하기도 해요.

씨 글라스 공예에 대한 관심도가 높아진 요즘에는 전시뿐만 아니라 다양한 체험 프로그램도 접할 수 있답니다.

미세 플라스틱 줄이기

환경 문제가 나날이 심각해지면서 전 세계가 플라스틱 사용을 금지하는 법안을 잇달아 내놓고 있어요. 우리나라를 비롯해 다른 나라들은 어떻게 플라스틱 사용을 규제하는지 알아보아요.

우리나라는 이렇게 규제해요

코로나19 팬데믹 이후 바이러스 감염 예방에 힘쓰다 보니 환경 보호에 소홀해진 것이 사실이에요. 환경부 조사에 따르면 사회적 거리 두기를 처음 시작한 2020년부터 국내 음식 배달량과 택배 물량이 폭발적으로 늘었다고 해요. 그에 따라 각종 쓰레기도 엄청나게 늘었지요.

이에 우리나라에서는 일회용품 사용에 대한 규제를 점점 강화하고 있어요. 2023년 11월 24일부터 식당이나 카페 안에서 일회용 컵과 플라스틱 빨대, 젓는 막대 등을 쓸 수 없게 되었어요. 또, 마트나 편의점 등에서는 손님들에게 일회용 비닐봉지를 무료로 나눠 줄 수 없답니다. 2030년부터는 모든 업종에서 일회용 비닐봉지 사용을 금지한다고 해요. 조금 불편하더라도 우리 모두를 위해 플라스틱 사용을 줄이도록 노력할 때예요.

다른 나라들은 이렇게 규제해요

아프리카 케냐는 비닐봉지 사용을 아예 금지하고, 이를 어기면 벌금형이나 징역형을 받을 정도로 엄격하게 규제하고 있어요.

미국은 각 주마다 플라스틱 사용에 대한 규제가 다르지만, 플라스틱 빨대나 포장 용기, 비닐봉지 사용 등을 금지하는 규정이 점차 확대되고 있어요. 미국의 캘리포니아주는 비닐봉지 사용을 금지한 첫 번째 주랍니다.

중국은 수십 년간 플라스틱 쓰레기로 몸살을 앓아 왔어요. 게다가 코로나19로 일회용품 사용이 늘면서 플라스틱 쓰레기에 대한 고민이 더욱 깊어졌지요. 중국은 그동안 세계 최대 플라스틱 쓰레기 수입국이었지만, 국내 환경 문제를 해결하기 위해 2017년부터 플라스틱 쓰레기 수입을 아예 중단했어요. 더불어 미세 플라스틱을 첨가한 화장품과 치약 등의 생산도 금지했답니다.

유럽 연합(UN)은 2021년 7월부터 면봉, 컵, 접시, 빨대 등에 일회용 플라스틱을 사용하지 못하도록 했으며, 2021년 1월부터 재활용할 수 없는 플라스틱 포장재에 1킬로그램당 0.8유로(약 1,100원)의 플라스틱세를 매겨서 제조 기업에 이를 부담시키고 있어요.

프랑스는 플라스틱 줄이기에 가장 앞장서는 나라 중 하나예요. 프랑스 정부는 2040년까지 일회용 플라스틱을 완전히 없앨 계획임을 밝히고, 차근차근 단계를 밟아 나가고 있어요. 예컨대 2025년까지 불필요한 일회용 플라스틱 포장 100퍼센트 없애기, 2025년 1월 1일까지 일회용 플라스틱 포장재 100퍼센트 재활용하기 등을 목표로 여러 가지 규제를 세우고 있지요. 또한 2025년 1월부터 나오는 신형 세탁기에는 미세 플라스틱 필터 장치를 의무적으로 달도록 했답니다.

이처럼 전 세계는 플라스틱이 가져올 재앙을 막기 위해 한 발짝씩 앞으로 나아가고 있어요.

생활 속 작은 실천, 우리도 같이 해요!

규제만으로 모든 문제를 해결할 순 없어요. 지구를 소중히 여기는 마음과 그에 따른 실천이 반드시 필요해요. 우리가 지구 환경을 위해 할 수 있는 일에는 무엇이 있을까요?

① 일회용 컵 대신 여러 번 쓸 수 있는 개인 컵이나 텀블러를 사용해요!
② 손수건을 사용해요. 외출할 때 손수건을 챙기면 물티슈나 휴지 사용을 줄일 수 있어요.
③ 재활용이 어려운 일회용 플라스틱 컵 등을 컵 받침대나 작은 화분 등 생활에 필요한 물건으로 만들어 써요.
④ 일회용 비닐봉지 대신 장바구니를 사용해요. 마트나 시장에 갈 때 장바구니

를 챙긴다면 비닐 사용을 많이 줄일 수 있어요.

⑤ 플라스틱이 섞이지 않은 생활용품을 구입해요. 플라스틱 용기에 담긴 샴푸 대신 비누 샴푸를, 플라스틱 칫솔 대신 대나무 칫솔을 쓰면 쓰레기를 줄일 수 있어요.

⑥ 식당에서 음식을 포장해 올 때 다회용 용기를 사용하고 일회용 수저는 받지 않아요.

⑦ 옷장을 잘 정리해요. 무슨 옷이 있는지 알아야 불필요한 옷을 사지 않을 수 있어요.

⑧ 아직 쓸 만한 물건은 그냥 버리지 말고 필요한 사람이나 단체에 기부해요.

⑨ 평소 환경 관련 뉴스에 관심을 갖고, 환경 단체의 홈페이지에도 규칙적으로 방문해요. 관심 가는 환경 보호 실천 활동이 있다면 가족이나 친구들과 함께 참여해 봐요.

마지막으로 온라인이나 오프라인에서 자신의 플라스틱 줄이기 실천 경험담을 널리 알려 보아요.

여러분의 작은 실천으로 지구의 수많은 생명을 살릴 수 있다는 것을 꼭 기억하면 좋겠어요.

환경을 지키려는 노력

플라스틱 쓰레기 줄이기

- 아나바다 운동: '아껴 쓰고 나눠 쓰고 바꿔 쓰고 다시 쓰기'를 줄인 말로, 불필요한 소비를 줄이기 위해 시작된 환경 운동.
- 제로 웨이스트 운동: 쓰레기 배출을 거의 0(zero, 제로)으로 만들기 위해, 일상에서 쓰레기를 줄인 경험담을 서로 공유하는 운동.
- 용기내 챌린지: 시장이나 식당에 갔을 때, 용기(勇氣, 굳센 마음)를 내서 용기(容器, 그릇) 내(內, 안)에 식재료나 음식물을 받아 오는 운동.

바닷가 쓰레기 줄이기

- 비치코밍(beachcombing): 바닷가 쓰레기를 빗질하듯이 쓸어버리자는 뜻으로, 바닷가를 산책하는 동안 쓰레기를 줍는 환경 보호 활동.
- 플로깅(plogging): 스웨덴어로 '조깅을 하면서 쓰레기를 줍는다'는 뜻이며, 건강과 환경을 동시에 챙길 수 있어 스웨덴을 넘어 전 세계로 번진 환경 보호 운동.
- 씨 글라스(sea glass): 바다에 버려진 유리병이 깨지고 닳아서 조약돌처럼 매끈해진 유리 조각을 뜻함. 바다에서 주운 씨 글라스로 갖가지 소품을 만드는 활동이 사람들에게 큰 호응을 얻음.

미세 플라스틱 줄이기

- 우리나라는 2023년 11월 24일부터 식당이나 카페 안에서 일회용 컵과 플라스틱 빨대 사용을 금지함. 마트나 편의점 등에서 일회용 비닐봉지 무료 제공도 금지함.
- 아프리카 케냐는 비닐봉지 사용을 금지하고, 이를 어기면 벌금형이나 징역형으로 처벌함.
- 미국은 플라스틱 빨대나 포장 용기, 비닐봉지 사용을 금지하는 규정을 점차 확대하고 있음.
- 중국은 최대 플라스틱 쓰레기 수입국이었으나 2017년부터 플라스틱 쓰레기 수입을 중단함.
- 유럽 연합(EU)은 2021년 1월부터 재활용할 수 없는 플라스틱 포장재에 플라스틱세를 매김.
- 프랑스는 2040년까지 일회용 플라스틱을 완전히 없앨 계획임을 발표하고 단계적 규제에 들어감.

한 걸음 더!

바다를 지키기 위한 발명

바다를 둥둥 떠다니는 어마어마한 양의 쓰레기를 사람이 직접 거둬들이는 것은 절대로 쉽지 않은 일이에요. 그래서 사람들은 여러 가지 발명품을 내놓고 있지요. 바다 쓰레기를 치우는 '무인 로봇'도 개발되었다고 해요. 어떤 로봇인지 한번 살펴볼까요?

우리 바다를 청소하는 무인 로봇

▲ 무인 청소 로봇

충청남도와 한국생산기술연구원이 함께 손잡고 개발한 '무인 청소 로봇'은 2022년에 처음 시험 제품을 선보이고 사용 실험을 무사히 마쳤어요. 원격 조종과 자율 이동이 모두 가능하고, 무게는 약 250킬로그램 정도이며 1톤 트럭에 실어 나를 수 있는 규모랍니다.

수많은 바다 쓰레기는 파도에 떠밀려 항구나 포구로 들어와서 방파제와 멈춰진 선박 사이에 쌓이는데, 사람이나 대형 청소 선박이 다가가기 힘든 경우가 많다고 해요. 이 무인 청소 로봇은 이러한 좁고 복잡한 구역에 떠다니는 쓰레기를 쉽게 거둬들이도록 만들어졌어요.

네덜란드 청년이 만든 바다의 무인 청소기

네덜란드의 청년 보얀 슬랫은 열여섯 살 무렵 지중해에서 스쿠버 다이빙을 하다가 큰 충격을 받았어요. 바닷속에 쓰레기가 엄청나게 많았기 때문이에요. 그때부터 보얀 슬랫은 바다 쓰레기 문제 해결에 앞장섰어요. 그리고 2013년에 비영리 환경 단체인 '오션 클린업(The Ocean Cleanup)'을 세웠지요.

바닷물의 일정한 흐름, 즉 해류를 이용하면 쓰레기가 저절로 모인다는 아이디어로 시작한 오션 클린업은 해양과학자, 자원봉사자, 기업들의 기부를 받아 4,000만 달러(약 477억 원) 이상의 투자 자금을 모았어요.

보얀 슬랫은 바다를 지키기 위해 갖은 노력을 했어요. 플라스틱 쓰레기를 수집하는 구조물을 컴퓨터 그래픽으로 만들기도 하고, 바다 쓰레기를 수거하는 U자형 부표도 선보였지만 사람들로부터 효율성이 떨어진다는 쓴소리를 들었어요.

이후 다양한 시도를 거쳐 바다의 무인 청소기라 불리는 '인터셉터'를 만들었지요. 인터셉터는 물 위를 떠다니며 매일 50톤의 쓰레기를 거둬들일 수 있다고 해요. 이렇게 모인 플라스틱 쓰레기는 선글라스나 스마트폰 케이스 같은 제품으로 재활용된답니다.

보얀 슬랫이 개발한 플라스틱 쓰레기 처리 시설

워크북

1화 개념 - 우리 일상에 녹아든 플라스틱

1 플라스틱에 대한 설명으로 바르지 <u>않은</u> 것을 고르세요.

① 자유자재로 모양을 만들 수 있어요.
② 값이 저렴하고 사용하기 편리해요.
③ 대부분 시간이 흐르면서 자연적으로 썩어 없어져요.
④ 오늘날 일상생활에 필요한 물건들 대부분이 플라스틱으로 만들어져요.

2 다음 괄호 안에 들어갈 알맞은 단어를 써 넣으세요.

> 플라스틱이란 열이나 압력(힘)을 가해서 모양을 변형시킬 수 있는 화합물을 말해요. 플라스틱은 그리스어인 (   )에서 유래한 말로 '마음대로 모양을 만들 수 있다'는 뜻이에요.

_____

3 다음 그림을 보고, 미세 플라스틱의 종류에 따른 이름을 각각 적어 보세요.

_____   _____

4 다음 중 미세 플라스틱에 대한 설명으로 <u>바른</u> 것을 고르세요.

① 미세 플라스틱은 크기가 1마이크로미터 이하인 플라스틱을 말해요.
② 합성 섬유로 된 옷을 세탁할 때마다 미세 플라스틱이 나와요.
③ 미세 플라스틱은 크기가 매우 작아서 환경에 거의 영향을 미치지 않아요.
④ 2차 미세 플라스틱은 제품의 원료로 쓰려고 처음부터 작게 만든 것들이에요.

2화 역사 – 플라스틱의 발명과 발전

1 다음 중 플라스틱에 대한 설명으로 <u>틀린</u> 것을 골라 보세요.

① 플라스틱은 코끼리의 멸종을 막는 데 도움을 주었어요.
② 존 하이엇이 발명한 '셀룰로이드'는 잘 깨지고 열에 약했어요.
③ 1907년에 발명된 '베이클라이트'는 지금의 플라스틱과 비슷했어요.
④ 오늘날 합성수지보다는 천연수지를 더 많이 사용해요.

2 다음 글을 읽고 무엇에 대한 설명인지 적어 보세요.

> • 천연수지와 반대되는 말이에요.
> • 석유나 석탄 등에서 추출한 물질을 인공적으로 합성시켜 만들어요.
> • 우리가 흔히 플라스틱이라고 부르는 모든 것이 여기에 해당돼요.

_____

3 다음 사진의 원재료가 되는 합성 섬유를 바르게 연결해 보세요.

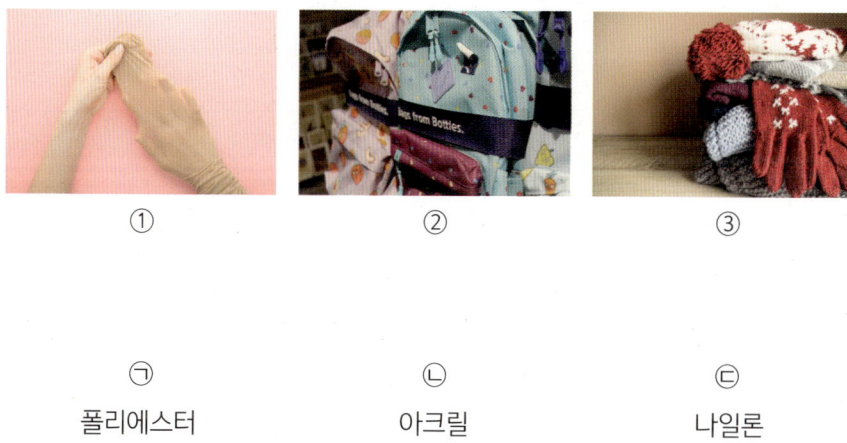

①   ②   ③

㉠   ㉡   ㉢

폴리에스터   아크릴   나일론

4 다음 괄호 안에 들어갈 알맞은 단어를 적어 보세요.

> (　　　　)은 미생물이 배출하는 분해 요소에 의해 자연적으로 썩는 플라스틱을 말하는데, '생분해성 플라스틱'이라고도 해요. 썩지 않는 플라스틱과는 달리 자연에서 분해되어 환경을 위한 플라스틱으로 주목받고 있어요.

3화 환경 – 플라스틱이 환경에 미치는 영향

1 바다 쓰레기 문제에 대해 누가 잘못 말하고 있는지 골라 보세요.

① 해마다 바다에 버려지는 플라스틱이 약 800만 톤이나 돼.

② 마닐라만의 거대 고래 조형물은 플라스틱 쓰레기로 만들어졌어.

③ 붉은바다거북은 가까운 미래에 멸종할 위험이 아주 높아.

④ 붉은바다거북은 새 플라스틱에서 먹이 냄새를 맡아.

2 다음 설명을 읽고 괄호 안에 들어갈 단어를 적어 보세요.

> 지구 온난화로 바닷물의 온도가 점점 올라가고 바다가 산성화되고 있어요. 그래서 산호초가 제대로 성장하지 못할 뿐 아니라, 산호초 속에 살며 서로 도움을 주고받던 조류도 떠나 버려요. 산호초는 결국 석회질의 골격만 남아 하얗게 변해 죽게 되는데, 이를 (   )이라고 해요.

3 바다 숲에 대한 설명으로 <u>틀린</u> 것을 골라 보세요.

① 바다 숲은 바닷속에 해조류 등이 자라 숲을 이룬 곳을 말해요.
② 우리나라는 아직까지 바다 사막화와는 거리가 멀어요.
③ 바다 숲은 이산화 탄소를 흡수하고 산소를 내뿜어요.
④ 바다 숲은 수많은 바다 생물에게 먹이와 보금자리를 제공해요.

4 다음 글을 읽고 무엇에 대한 설명인지 적어 보세요.

- 바닷물에 완전히 잠겨서 자라는 속씨식물이에요.
- 해조류와는 달리 꽃을 피우며 잎과 줄기와 뿌리를 가지고 있어요.
- 이산화 탄소를 많이 흡수하고 산소를 내뿜어요.

4화 인체 - 플라스틱이 인체에 미치는 영향

1 밥상 위 미세 플라스틱에 대한 설명으로 바른 것을 골라 보세요.

① 우리는 매주 칫솔 한 개(21그램) 정도의 미세 플라스틱을 먹고 있어요.
② 바다에서 나는 음식만 먹지 않는다면 우리 건강엔 별 문제가 없어요.
③ 남극과 북극은 미세 플라스틱이 없는 청정 지역이에요.
④ 해산물 이외의 음식 재료 속에도 미세 플라스틱이 발견되었어요.

2 다음 글을 읽고 미세 플라스틱이 우리 몸속에 들어오는 과정을 순서대로 써 보세요.

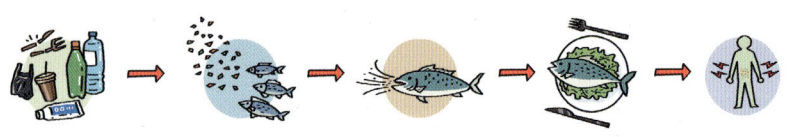

㉠ 작은 물고기가 플랑크톤을 먹음.
㉡ 미세 플라스틱에 오염된 해산물이 우리 식탁으로 올라옴.
㉢ 플랑크톤이 미세 플라스틱을 먹음.
㉣ 미세 플라스틱이 바다에 쫙 퍼짐.
㉤ 큰 물고기가 작은 물고기를 잡아먹음.

_____

3 생활 속 미세 플라스틱에 대한 설명으로 틀린 것을 골라 보세요.

① 세제나 화장품 등에 들어 있는 미세 플라스틱은 1차 미세 플라스틱이에요.
② 우리나라는 2017년 7월부터 '씻어 내는 화장품'에 미세 플라스틱 사용을 금지했어요.
③ 합성 섬유로 된 옷은 천연 섬유로 된 옷보다 세탁할 때 미세 플라스틱이 적게 나와요.
④ 색조 화장품에 들어 있는 반짝이 성분도 미세 플라스틱이에요.

4 다음 설명을 읽고 괄호 안에 들어갈 단어를 적어 보세요.

( )은 인간의 산업 활동을 통해서 발생하는 일부 화학 물질인데, 주로 공장에서 내보내는 매연과 폐수, 자동차 배기가스, 플라스틱 등에서 나와요. 생명체의 몸속에 들어가면 마치 호르몬처럼 작용해요. 정식 이름은 내분비 교란 물질이에요.

5화 미래학 - 환경을 지키려는 노력

1 플라스틱을 줄이기 위한 환경 운동에 대한 설명으로 <u>틀린</u> 것을 골라 보세요.

① '아나바다'는 불필요한 소비를 줄이기 위해 시작된 환경 운동이에요.
② 쓰던 물품을 사고파는 '아나바다' 운동은 현재 온라인에서만 이뤄지고 있어요.
③ '제로 웨이스트'는 일상에서 쓰레기를 줄인 경험담을 공유하는 운동이에요.
④ '용기내 챌린지'는 일회용 용기와 비닐봉지 대신 다회용 용기와 장바구니 사용을 권장해요.

2 다음 글을 읽고 괄호 안에 들어갈 단어를 적어 보세요.

> (   )은 조깅을 하면서 쓰레기를 줍는 환경 보호 운동이에요. 2016년 스웨덴에서 처음 시작되었어요. 운동으로 건강을 챙기면서 환경 보호를 위한 작은 실천도 함께 할 수 있으니 전 세계 사람들에게 금세 알려졌지요. 우리나라에서는 '줍깅'이라고도 해요.

3 정돈이가 설명하는 '이것'은 무엇인지 〈보기〉에서 찾아 적어 보세요.

> - 이것은 바다에 버려진 유리병이 깨지고 닳아서 조약돌처럼 매끈해진 유리 조각이야.
> - 아… 이걸로 뭘 해?
> - 요즘엔 이걸로 예쁜 액세서리나 소품을 만든대. 흔히 바다 보석이라고도 해.

보기
씨 글라스   플로깅   비치코밍

_____

4 플라스틱 쓰레기를 줄이기 위해 내가 할 수 있는 실천 방법을 세 가지만 적어 보세요. 〔서술형 문항 대비〕

정답 및 해설

1화

1. ③
… 플라스틱은 아주 오랫동안 썩지 않아 지구 환경을 위협하는 골칫덩어리예요. (☞16쪽)

2. 플라스티코스
… 플라스틱은 그리스어인 플라스티코스(plastikos)에서 유래한 말이에요. (☞16쪽)

3. 1차 미세 플라스틱, 2차 미세 플라스틱
… 1차 미세 플라스틱은 제품의 원료로 쓰려고 처음부터 작게 만든 것들이에요. 2차 미세 플라스틱은 햇빛, 바람, 파도 등에 의해 자연적으로 잘게 쪼개진 플라스틱이에요. (☞22~23쪽)

4. ②
… ① 미세 플라스틱은 크기가 5밀리미터 미만인 플라스틱이에요. (☞22쪽)
③ 미세 플라스틱은 크기가 매우 작아 걸러지지 못하고 환경을 오염시켜요. (☞22쪽)
④ 2차 미세 플라스틱은 햇빛, 파도 등에 의해 잘게 쪼개진 플라스틱이에요. (☞23쪽)

2화

1. ④
… 예전에는 '천연수지'로 생필품을 만들어 썼지만, 오늘날에는 '합성수지'를 더 많이 써요. (☞35쪽)

2. 합성수지
… 천연수지와 반대로 사람들이 인위적으로 만들어서 쓰는 수지를 '합성수지'라고 해요. (☞35쪽)

3. ①-ⓒ나일론, ②-㉠폴리에스터, ③-ⓑ아크릴
… ①은 나일론 스타킹, ②는 폴리에스터로 만든 책가방, ③은 아크릴로 만든 털장갑과 목도리예요. (☞36~38쪽)

4. 바이오플라스틱
… 바이오플라스틱(bioplastic)은 자연적으로 분해되는 플라스틱을 말해요. (☞41쪽)

3화

1. ④
… 바다에 버려진 플라스틱에 미생물이 달라붙으면 바다거북이 좋아하는 먹이 냄새를 풍긴다고 해요. (☞55쪽)

2. 백화 현상
… 산호초가 석회질의 골격만 남아 하얗게 변해 죽는 것을 '백화 현상'이라고 해요. (☞56쪽)

3. ②
… 우리나라 바다도 점점 사막화되고 있어요. (☞58~59쪽)

4. 잘피

⋯ 잘피 숲을 만드는 것은 바다 생태계를 살리는 일이나 다름없어요. (☞59쪽)

4화

1. ④

⋯ ① 우리는 매주 신용 카드 한 장(5그램) 정도의 미세 플라스틱을 먹어요. (☞70쪽)
② 미세 플라스틱은 바다와 육지를 가리지 않고 퍼져 있어요. (☞71쪽)
③ 남극과 북극의 눈에서도 미세 플라스틱이 발견되었어요. (☞71쪽)

2. ㄹ, ㄷ, ㄱ, ㅁ, ㄴ

⋯ 먹이 사슬 맨 꼭대기에는 바로 사람들이 있어요. 미세 플라스틱에 오염된 바다 생물들이 식탁 위로 올라와서 우리의 건강을 위협해요. (☞70~71쪽)

3. ③

⋯ 합성 섬유로 된 옷을 세탁할 때 미세 플라스틱이 더 많이 나와요. (☞74쪽)

4. 환경 호르몬

⋯ 우리 주변에는 건강을 해치는 위험한 환경 호르몬들이 널리 퍼져 있어요. (☞75쪽)

5화

1. ②

⋯ 쓰던 물품을 사고파는 활동은 오프라인과 온라인 양쪽에서 이루어지고 있어요. (☞88~89쪽)

2. 플로깅

⋯ 플로깅(plogging)은 스웨덴어로 '쓰레기를 주우며 조깅하기'라는 뜻이에요. (☞90~91쪽)

3. 씨 글라스

⋯ 바닷가 모래사장을 걷다 보면 반짝이는 씨 글라스를 발견할 수 있어요. (☞91쪽)

4. 각자 자유롭게 써 보세요.

⋯ (☞94~95쪽)

찾아보기

ㄱ
그레이트배리어리프 ······················ 57
그린 카본 ···································· 62~63

ㄴ
나일론 ·· 36~38

ㄷ
다이옥신 ···································· 76

ㅂ
바다 숲 ······································ 58~59
바이오플라스틱 ··························· 41
베이클라이트 ······························ 35
백화 현상 ··································· 56~57
블루 카본 ··································· 62~63
블랙 카본 ··································· 62~63
비스페놀 에이 ····························· 75~76
비치코밍 ···································· 90

ㅅ
셀룰로이드 ································· 34~35
씨 글라스 ··································· 91

ㅇ
아나바다 운동 ····························· 88
아크릴 ······································· 36, 38
용기내 챌린지 ····························· 89
1차 미세 플라스틱 ······················· 22

2차 미세 플라스틱 ······················· 22~23

ㅈ
잘피 숲 ······································ 59, 63
전도성 플라스틱 ························· 40
제로 웨이스트 운동 ····················· 88~89

ㅊ
천연수지 ···································· 34~35

ㅍ
페트병 ······································· 21, 44, 81
폴리에스터 ································· 26, 36, 38, 74
플라스티코스 ······························ 16
플로깅 ······································· 90~91

ㅌ
탄소 섬유 강화 플라스틱 ············· 39

ㅎ
합성수지 ···································· 35
환경 호르몬 ································ 44~45, 75~77
히든 플라스틱 ····························· 26